L'ÉGYPTE DES PHARAONS

http://www.casterman.com
ISBN 2-203-14033-X

Déposé au ministère de la Justice, Paris (loi n° 49.956 du 16 juillet 1949 sur les publications destinées à la jeunesse).

Maquette, conception et réalisation : Thierry Laurent
Imprimé en Espagne par Graficromo s.a. Cordoba.
Dépôt légal : avril 1999 ; D. 1999/0053/158

Repères / Histoire

L'ÉGYPTE DES PHARAONS

Florence Maruéjol / Jean-Marie Poissenot

casterman

SOMMAIRE

TRENTE DYNASTIES

De l'unification du pays par le roi Narmer vers 3032 av. J.-C. à la conquête de la vallée du Nil par les Romains en 30 av. J.-C., l'histoire de l'Égypte antique se déroule sur trois millénaires. Ces trois mille ans n'ont pas toujours été paisibles. Aux périodes brillantes de l'Ancien, du Moyen et du Nouvel Empire ont succédé des époques de troubles, marquées par des invasions et la domination de souverains d'origine étrangère.

Ci-contre : du haut du plateau de Saqqara, la première pyramide d'Égypte défie les siècles. Érigée par le roi Djéser à partir de 2690 av. J.-C. environ, elle fut le témoin de presque toute l'histoire de l'Égypte antique.
Ci-dessus : sur l'île de Philae, le kiosque de Trajan, élevé au début du IIe siècle ap. J.-C., évoque les derniers temples pharaoniques.

Pour Hérodote, historien grec du Ve siècle av. J.-C., l'Égypte est un "don du Nil". Dans ce pays où il pleut rarement, le fleuve est en effet la seule source d'approvisionnement en eau. L'agriculture dépend entièrement de son bon vouloir. Le Nil, qui est le plus long fleuve du monde avec un cours de 6 671 kilomètres, prend sa source au nord du lac Tanganyika, au Burundi. Il traverse l'Égypte du sud au nord et divise le pays en deux grandes régions.

LE DOUBLE PAYS

Au sud de l'antique ville de Memphis (près du Caire actuel) s'étire la vallée du Nil ou Haute-Égypte. Le cours d'eau y est encadré par d'étroites bandes de terre cultivables dont la largeur est comprise entre quelques mètres et une douzaine de kilomètres. Au nord de Memphis commence le delta du Nil qui emprunte la forme d'un triangle dont la pointe se trouve près de cette cité et la base du côté de la Méditerranée. C'est la Basse-Égypte. Le fleuve se sépare en plusieurs branches qui arrosent cette vaste plaine avant de se jeter dans la mer. Les anciens Égyptiens avaient fait du lotus le symbole de la Haute-Égypte et du papyrus celui de la Basse-Égypte. Lorsqu'on liait les deux plantes, cela évoquait la réunion des Deux Terres ou Double Pays.
À l'est, l'Égypte est bordée par la chaîne de montagnes du désert arabique. La péninsule du Sinaï qui relie l'Égypte au continent asiatique se rattache à ce désert. Baignée par la mer Rouge, elle est dominée par le point culminant de l'Égypte, le mont Sinaï qui s'élève à 2 637 mètres. À l'est s'étend le désert libyque qui forme le prolongement du Sahara. Il est parsemé d'oasis. Celle du Fayoum, à une centaine de kilomètres au sud du Caire, n'est pas une vraie oasis puisqu'elle est alimentée par un canal relié au Nil.

Après la crue, les paysans armés de houes retirent la terre qui obstrue le canal et qui empêche la bonne circulation de l'eau.

LE NIL NOURRICIER

Jusqu'en 1964, date de la mise en service du haut barrage d'Assouan qui régularise la crue du Nil, la vie des paysans était rythmée par l'inondation. Chaque année, le fleuve, gonflé sur son trajet par les pluies tropicales, débordait de son lit et recouvrait les terres. Les récoltes variaient en fonction de la crue. Si elle était trop faible, elle ne suffisait pas à bien irriguer les champs. Si elle était trop forte, elle emportait tout sur son passage et causait beaucoup de dégâts. On priait le dieu du Nil, Hapi, d'accorder une crue normale. Les eaux commençaient à monter au mois de juillet, grossissaient jusqu'au début du mois de septembre et se retiraient en octobre et novembre. En creusant des réseaux de canaux, les paysans ont perfectionné l'irrigation naturelle. Ils ont pu arroser des champs qui étaient hors d'atteinte de la crue. Après l'inondation, ils entretenaient soigneusement les canaux en les curant pour éviter qu'ils ne se remplissent de boue et ne se bouchent.

HÉRODOTE

Considéré comme le père de la géographie et de l'histoire, le Grec Hérodote (vers 484 - vers 425 av. J.-C.) est originaire d'Halicarnasse (aujourd'hui Bodrum en Turquie). Dans un ouvrage, très vivant, intitulé *L'Enquête*, il a relaté ses nombreux voyages dont celui effectué en Égypte. Pour lui, « nul autre pays au monde ne contient autant de merveilles ». Il est le premier étranger à nous avoir livré une description de la terre des pharaons. Il a évoqué aussi bien les pyramides, les temples et la crue du Nil que la momification ou encore le mode de vie des prêtres et le culte rendu aux dieux.

CHAPITRE 1

DES ANIMAUX ET DES PLANTES

Les rives du Nil, aujourd'hui dénudées, étaient jadis bordées par des marais envahis par les papyrus et les roseaux. À la surface de l'eau flottaient lotus et potamots, des plantes aquatiques. Au cœur de cette végétation évoluaient les crocodiles et les hippopotames, aujourd'hui disparus d'Égypte, les poissons et une bruyante population d'oiseaux, canards, oies sauvages, hérons, vanneaux, ibis et intrépides pluvians qui nettoient les dents du crocodile. Les marais servaient aussi de refuge aux dangereux cobras, ce qui n'empêchait pas les bergers d'y faire paître leurs troupeaux de vaches. Sur les terres de la vallée du Nil, parsemées de palmiers, de figuiers, de sycomores ou encore d'acacias et de tamaris, les paysans élevaient aussi des moutons, des chèvres et des cochons. Ils s'entouraient de chats, qui chassaient les rongeurs dévorant les réserves de céréales, et de chiens. Au-delà, dans le désert, prospéraient les animaux sauvages comme les gazelles, les autruches, les hyènes, les gerboises. Dans le sol se cachait la sournoise vipère des sables, au venin mortel, toujours prête à bondir.

L'HISTOIRE VUE PAR LES PHARAONS

C'est dans ce paysage que les anciens Égyptiens ont vécu et qu'ils ont écrit leur histoire. On connaît celle-ci en partie par les représentations et les textes gravés dans les temples. Les rois y ont relaté les grands événements de leur règne et leurs exploits. Mais peut-on faire confiance à ces récits ? Pas toujours. Dans les temples, on raconte ce qui doit se produire pour maintenir l'ordre du monde créé par les dieux et non ce qui arrive réellement. Le roi, qui représente l'ordre, triomphe toujours du chaos incarné par les ennemis. Ainsi le pharaon gagne tous les combats, même quand cela est faux comme dans le cas de la bataille de Qadesh. Ramsès II (1279-1213), qui a évité de justesse un désastre sans pareil, affirme sur les parois des temples qu'il a battu ses adversaires. Mais la vérité apparaît sur les papyrus qui reproduisent le journal de l'armée. De même dans les temples, on supprime de la liste des rois défunts auxquels on rend un culte ceux que l'on n'apprécie pas. Ainsi on ne mentionne pas les reines qui ont exercé le pouvoir comme Hatchepsout. Mais il existait des papyrus avec des listes complètes. Hélas, un seul d'entre eux, en mauvais état, nous est parvenu. C'est le Papyrus royal de Turin, rédigé sous le règne de Ramsès II. En revanche, aucun document ne donne le récit complet de la vie des rois, de la naissance à la mort.

Quelques-uns des animaux qui peuplaient les rives du Nil : le crocodile et ses inséparables pluvians, l'ibis sacré, le vautour fauve et l'hippopotame.

Sur la porte d'entrée monumentale (pylône) du temple de Medinet Habou, à Thèbes, le roi Ramsès III s'apprête à frapper avec une massue des étrangers qu'il tient par les cheveux. Le dieu Amon-Rê l'aide en lui tendant une arme. Ce motif est un des plus anciens de l'art égyptien. Il montre que le roi triomphe toujours du désordre, représenté par les ennemis.

DES DESSINS QUI EN DISENT LONG

Les Égyptiens ont laissé d'innombrables témoignages de leur civilisation. Les égyptologues, qui fouillent les monuments et les sites et qui déchiffrent les textes, s'emploient à les faire revivre depuis plus d'un siècle et demi. Ce sont les tombes, remplies par leurs propriétaires de toutes sortes d'objets de la vie quotidienne tels que meubles, vaisselle, instruments de l'écriture ou armes, qui ont livré le matériel le plus abondant. Celui-ci forme la plus grande partie des collections égyptiennes exposées dans les musées.
Les parois des sépultures nous renseignent à la fois sur l'existence de tous les jours et sur les rites funéraires. Les recherches menées dans les villes et les villages antiques, dont quelques-uns seulement sont conservés, ont complété les informations apportées par les cimetières. Elles ont permis de connaître le plan des maisons, les conditions de vie de leurs habitants et parfois aussi leur régime alimentaire. L'étude des temples nous fait pénétrer, quant à elle, dans le monde complexe des dieux et de la religion égyptienne.
Jusqu'en 1822, la connaissance de l'Égypte ancienne est restée très limitée, car on était incapable de lire un seul mot des textes égyptiens. Il a fallu attendre le déchiffrement de l'écriture hiéroglyphique par le Français Jean-François Champollion pour percer les mystères de la civilisation pharaonique. Le savant est parvenu à la solution en étudiant notamment des copies de la pierre de Rosette, conservée au British Museum. Sur ce bloc figure un décret, gravé en 196 av. J.-C., en trois langues : hiéroglyphes, démotique (langue populaire et écriture cursive) et grec.
Les hiéroglyphes, qui sont apparus vers 3300 av. J.-C., sont des dessins stylisés de personnages, d'animaux, d'objets… En lignes ou en colonnes, ils se lisent de haut en bas, et de gauche à droite ou de droite à gauche. La lecture s'effectue dans le sens inverse de la direction des signes. S'ils marchent vers la droite  comme la chouette et le poisson, on lit de droite à gauche. S'ils se dirigent vers la gauche 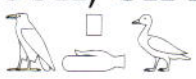 comme le faucon et le canard, on lit de gauche à droite.
En tout, il y a quelque sept cents signes. À l'époque gréco-romaine, il y a en aura dix fois plus.

UNE LANGUE QUI ÉVOLUE

Les hiéroglyphes forment l'écriture sacrée que l'on grave sur les parois des temples, des tombes, sur les stèles et sur les objets. Pour les documents administratifs, la comptabilité, la littérature, on utilise une écriture rapide, le hiératique, qui dérive directement des hiéroglyphes. Vers 650 av. J.-C. apparaît une écriture plus cursive encore, le démotique. Enfin, au début de notre ère s'impose le copte, le dernier état de la langue des pharaons. L'égyptien s'écrit alors avec l'alphabet grec auquel on a ajouté sept signes démotiques. Tout au long des trois mille ans de l'histoire égyptienne, la grammaire et le vocabulaire ont aussi beaucoup changé.

a 

b 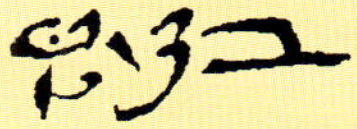

c 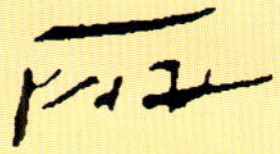

d KHME

Au-dessus : a - hiéroglyphes, b - hiératique, c - démotique, d - copte.
Au-dessous : archéologues au travail dans la Vallée des Reines, à Louqsor.
À droite : les noms du roi Ramsès II entourés du signe ovale du cartouche. Ces noms ont aidé Jean-François Champollion à comprendre le système hiéroglyphique.

LA CLÉ DU SYSTÈME HIÉROGLYPHIQUE

Jean-François Champollion a compris que les hiéroglyphes se composent de deux sortes de signes qui se prononcent, les idéogrammes et les phonogrammes, et d'une sorte de signes qui ne se prononcent pas, les déterminatifs.

Des signes qui se prononcent : il y a d'abord les idéogrammes ou signes-idées. Ce sont des hiéroglyphes qui notent un mot entier. Ainsi le plan d'une habitation se dit "per" et note le mot maison. Le dessin du filet d'eau répété trois fois se prononce "mou" et signifie eau. Aujourd'hui, nous avons l'équivalent avec le dessin d'un appareil téléphonique qui, dans les lieux publics, note à lui tout seul le mot téléphone.

Il y a ensuite les phonogrammes ou signes qui notent un ou plusieurs sons, c'est-à-dire une ou plusieurs lettres. Les phonogrammes dérivent des idéogrammes que l'on a utilisés à la manière des rébus. Par exemple, l'idéogramme "mou" devient le phonogramme qui exprime le son "mou". Il entre alors dans la composition du mot "shémou" qui veut dire été.

Il existe trois classes de phonogrammes : les unilitères, qui notent une seule lettre comme "r", les bilitères qui notent deux lettres comme "js" et les trilitères qui en notent trois comme "nfr". On appelle souvent

Le scribe écrit sur un papyrus avec un calame, ou fin pinceau en roseau, prélevé dans sa palette. Celle-ci possède deux godets pour l'encre rouge et l'encre noire. À côté est posé un double godet, isolé. Pour couper le papyrus, l'homme se sert d'un couteau en bronze et, pour l'aplanir, il utilise le lissoir placé devant lui. Il écrase les couleurs avec un mortier et un broyeur.

***Alphabet égyptien** : pour traduire les hiéroglyphes, on commence par les translitérer. Cela veut dire qu'on établit d'abord une lecture phonétique avec les symboles qui figurent à côté de la liste des unilitères. À côté de ces symboles, on trouve leur prononciation.*

Hiéroglyphes	*translitération*	*prononciation*
𓄿	ꜣ	a
𓇋	ꞽ	i
𓇌 ou 𓏭	y	i
𓂝	ꜥ	a
𓅱 ou 𓏲	w	ou
𓃀	b	b
𓊪	p	p
𓆑	f	f
𓅓 ou 𓐝	m	m
𓈖 ou 𓋔	n	n
𓂋	r	r
𓉔	h	h aspiré
𓎛	ḥ	h aspiré
𓐍	ḫ	r
𓄡	ẖ	ch
𓊃 ou 𓋴	s	s
𓈙	š	ch
𓈎	q	k
𓎡	k	k
𓎼	g	gue
𓏏	t	t
𓍿 ou 𓍿	ṯ	tj
𓂧	d	d
𓆓	ḏ	dj

alphabet les trente unilitères. Ils auraient pu suffire à tout écrire. Mais cela n'a pas été le cas puisque l'écriture égyptienne utilisait beaucoup d'autres signes. Il ne s'agit donc pas d'un véritable alphabet.
Et des signes qui ne se prononcent pas : les déterminatifs. On les place à la fin des mots où ils servent à en préciser le sens. Ainsi, grâce au poisson dessiné à la fin du mot 𓂋𓅓𓆛, on peut tout de suite classer le mot dans la catégorie des poissons. Il s'agit d'ailleurs du mot "rem" qui signifie poisson. Les déterminatifs distinguent aussi les mots qui ont la même prononciation mais pas le même sens. Les signes 𓏠𓈖𓎺 "men" suivis d'un petit vase signifient cruche alors qu'accompagnés de l'oiseau du mal 𓏠𓈖𓅪, ils veulent dire être malade.

LA NAISSANCE DE L'ÉGYPTE

À partir de 5000 av. J.-C., le climat, moins humide, favorise l'installation des hommes sur les rives du Nil. Ils abandonnent leur vie de chasseurs nomades, toujours à la poursuite du gibier, pour celle plus stable d'agriculteurs. La population se fixe dans des villages, situés sur des buttes de terre, à l'abri de la crue du Nil. Les Égyptiens de cette époque commencent à cultiver des céréales et à élever des chèvres, des moutons, des porcs et des bœufs. Au IVe millénaire, pendant la période de Nagada (nom qui vient d'un village du sud de l'Égypte) qu'on appelle aussi l'époque prédynastique, la culture du sud du pays est adoptée par le nord. Partout on réalise les mêmes types

Les maisons des Égyptiens de la fin de la préhistoire sont des huttes légères, bâties avec des roseaux et de la boue mêlée de paille. Elles conviennent au climat qui n'est jamais très froid.

À droite : le monument de Mykérinos à Guiza évoque les pyramides d'Égypte et la brillante période de l'Ancien Empire.

de poteries, de vases en pierre, de statuettes en ivoire et d'outils. Vers 3032 av. J.-C., un prince réussit à s'imposer aux chefs qui exercent le pouvoir localement. Il unifie le pays et il devient le premier souverain d'Égypte. C'est le roi Narmer que les Grecs appelleront Ménès. L'Égypte sort de la préhistoire et entre dans l'histoire.

LE TEMPS DES PYRAMIDES

L'histoire s'ouvre avec la période thinite qui compte deux dynasties de rois. Ces souverains établissent leur capitale à Memphis (près du Caire actuel) et mettent en place les fondements de la civilisation pharaonique. Ils développent l'écriture, ils fondent l'administration fortement centralisée et hiérarchisée, et ils posent les grands principes de l'art et de la religion.

Avec la IIIe dynastie débute l'Ancien Empire (2707-2216), l'une des époques les plus brillantes de l'histoire égyptienne. Le pays, bien organisé, dispose de grandes richesses. Les pharaons profitent de ces ressources abondantes pour faire bâtir de gigantesques pyramides qui leur servent de tombeaux.

La première est celle du roi Djéser (2690-2670). L'édifice, qui compte six degrés, est le premier monument de pierre de l'Égypte. Les pyramides les plus impressionnantes sont celles que les pharaons Khéops, Khéphren et Mykérinos élèvent sur le plateau de Guiza.

CHRONOLOGIE

Au IIIe siècle av. J.-C., Manéthon, un prêtre gréco-égyptien, a écrit, à la demande du roi grec Ptolémée II (282-246 av. J.-C.) qui contrôlait l'Égypte, une histoire du pays. Dans cet ouvrage figurait une liste des pharaons, établie à partir des archives égyptiennes, qui classait les rois en trente dynasties. Les égyptologues ont ensuite regroupé les dynasties par grandes périodes.

- **Époque thinite**
  (Ire-IIe dyn., vers 3032-2707 av. J.-C.)
- **Ancien Empire**
  (IIIe-VIe dyn., vers 2707-2216 av. J.-C.)
- **Première Période Intermédiaire**
  (VIIe dyn.-début XIe dyn., vers 2216-2046)
- **Moyen Empire**
  (XIe-XIIIe dyn., vers 2046-1648 av. J.-C.)
- **Deuxième Période Intermédiaire**
  (XIVe-XVIIe dyn., vers 1648-1550 av. J.-C.)
- **Nouvel Empire**
  (XVIIIe-XXe dyn., vers 1550-1070 av. J.-C.)
- **Troisième Période Intermédiaire**,
  (XXIe-XXVe dyn., 1070-664 av. J.-C.)
- **Basse Époque**
  (XXVIe-XXXe dyn., 664-332 av. J.-C.)
- **Époque ptolémaïque**
  (332-30 av. J.-C.)
- **Conquête romaine**
  (30 av. J.-C.)

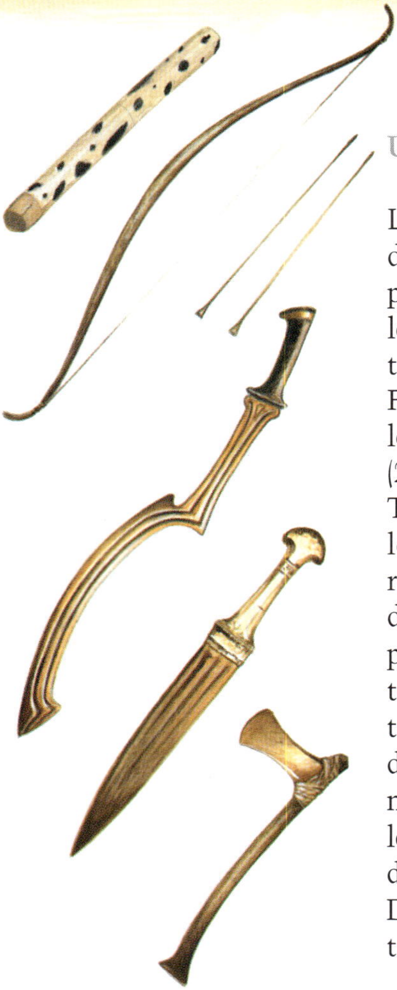

Les armes des Égyptiens : carquois, arc, flèches, khépesh (glaive recourbé), poignard, hache.

UN ÂGE D'OR

L'Ancien Empire se termine par l'effondrement de la royauté. Les gouverneurs de province s'emparent du pouvoir chacun dans leur région et luttent les uns contre les autres. Les troubles et les famines se multiplient. Finalement, les princes de Thèbes triomphent des autres chefs locaux et réunifient le pays. Ainsi commence le Moyen Empire (2046-1648 av. J.-C.). Les pharaons se partagent désormais entre Thèbes et le Fayoum dont ils exploitent les terres. Alors que les échanges avec le Proche-Orient s'intensifient, la Nubie, région qui s'étend au sud d'Assouan, est annexée jusqu'au sud de la 2e cataracte. Les pharaons édifient de puissantes forteresses pour protéger leur conquête et en tirer parti. Les artistes, sculpteurs et peintres, produisent des œuvres d'une extrême finesse tandis que les scribes composent des ouvrages qui deviendront des classiques. C'est l'âge d'or de la littérature égyptienne. À nouveau, à la fin du Moyen Empire, la royauté affaiblie cède le pouvoir à des princes locaux. Les Hyksôs, des étrangers venus du Proche-Orient, profitent de la situation et envahissent le Delta. Bientôt ils étendent leur domination sur une grande partie du pays.

L'EMPIRE DES CONQUÉRANTS

Ce sont encore les princes de Thèbes qui réagissent et qui décident de chasser les Hyksôs. Après de féroces combats, ils repoussent leurs adversaires hors d'Égypte et ils refont l'unité du pays. Cette victoire marque le début du Nouvel Empire (1550-1070 av. J.-C.), la période la plus glorieuse de l'histoire égyptienne. Sous la XVIIIe dynastie (1550-1292 av. J.-C.), les pharaons Thoutmosis Ier (1504-1492 av. J.-C.) et Thoutmosis III (1479-1425 av. J.-C.) se taillent un vaste empire. Ils soumettent de nombreuses cités-états de Syrie-Palestine et ils annexent la Nubie jusqu'à la 4e cataracte. Les populations vaincues versent d'importants tributs. Des flots de richesses se déversent sur le pays. Le roi et les dignitaires adoptent un mode de vie très raffiné. Les trésors retrouvés dans la tombe du roi Toutankhamon, à Thèbes, donnent une idée du faste de la cour. La capitale administrative se déplace de Thèbes à Memphis, dans le nord, pour faciliter les interventions militaires en Palestine. Mais Thèbes, la ville d'Amon-Rê, le dieu d'empire et le chef de tous les dieux, reste la capitale religieuse.

À gauche : la forteresse de Bouhen, en briques de terre crue, était l'une des plus importantes de Nubie. Ses hautes murailles, protégées par un puissant mur extérieur, étaient défendues par de nombreux bastions et par une tour, à chaque angle. Comme toutes les forteresses de Nubie, elle a été engloutie par les eaux du lac Nasser après la mise en service du grand barrage d'Assouan.

Hatchepsout et Thoutmosis III exécutent ensemble un rite religieux. Karnak, chapelle rouge.

HATCHEPSOUT ET THOUTMOSIS III

En 1479 av. J.-C., à la mort de Thoutmosis II, son fils et successeur Thoutmosis III, qui est né d'une concubine, est un jeune enfant. La reine Hatchepsout, belle-mère et tante• du jeune héritier, exerce la régence. Puis elle se fait couronner pharaon et elle confisque le pouvoir. Elle associe cependant son neveu à certains actes de son règne. Après sa disparition, Thoutmosis III poursuit les expéditions militaires commencées par son grand-père Thoutmosis Ier. Vingt ans après le décès de la reine, il fait effacer les noms et les images de celle-ci sur les monuments. Après autant d'années, il n'agit certainement pas par vengeance ou par haine, mais pour des raisons que l'on ne connaît pas encore bien.

DE LA GUERRE À LA PAIX

À Qadesh, dès le début de l'attaque surprise des Hittites et de leurs alliés, identifiables à leur barbe, une division de 5 000 soldats égyptiens est taillée en pièces. Une seconde, dirigée par l'énergique Ramsès II en personne, n'échappe au désastre que grâce aux soldats d'élite et aux mercenaires étrangers, les Shardanes, reconnaissables à leur casque à cornes.

La XIXe dynastie est dominée par le célèbre Ramsès II. Le souverain, qui s'est éteint à l'âge de quatre-vingt-dix ans, a gouverné pendant soixante-six ans ! Au début de son règne, le roi s'est battu en Syrie-Palestine. Il voulait reprendre aux Hittites, maîtres d'un puissant empire dont la capitale se trouvait en Turquie, les territoires qu'ils avaient enlevés aux Égyptiens. En 1274 av. J.-C., les deux armées se sont affrontées à Qadesh, une cité fortifiée de Syrie. Attaqué par surprise par ses adversaires, Ramsès II a évité de justesse un terrible désastre. Mais il n'a pas pu récupérer les anciennes conquêtes égyptiennes. Les deux empires, de force égale, feront finalement la paix. Durant son règne, Ramsès II a couvert le pays de monuments grandioses. Les temples d'Abou Simbel, en Nubie, sont les plus spectaculaires. Dans sa capitale de Pi-Ramsès, dans le Delta, il a mené une vie paisible auprès de ses huit épouses officielles, de ses multiples concubines et de sa centaine d'enfants. À sa mort, il a été enterré en grande pompe dans la Vallée des Rois à Thèbes.

UN RÉPIT POUR L'ÉGYPTE

En 1190, les héritiers de Ramsès II laissent la place à une nouvelle famille royale dont le plus illustre représentant est Ramsès III (1183-1152 av. J.-C.). Le souverain est confronté aux redoutables Peuples de la Mer. Ces envahisseurs, partis du sud de la Turquie et des îles de la mer Égée, ont ravagé le sud-est de la Turquie, la Crète, Chypre et la côte syro-palestinienne. Ils ont balayé l'Empire hittite. Rien ne les arrête. Ils s'apprêtent désormais à déferler sur l'Égypte. Mais Ramsès III veille. Il mobilise toutes ses forces, navales et terrestres, et dresse les plans de bataille. Sur terre et sur mer, il repousse les ennemis loin de la frontière avec la Palestine. L'Égypte est sauvée. Mais après Ramsès III s'amorce le déclin de l'Égypte. Ses successeurs ne réussissent plus à maintenir l'ordre. Les tombes de la Vallée des Rois sont régulièrement pillées. Même les temples ne sont plus à l'abri des vols. La famine refait son apparition. La dynastie sombre dans les troubles. Le Nouvel Empire s'achève.

Après les batailles, les Égyptiens évaluent les pertes subies par l'ennemi en dénombrant les mains et les sexes des soldats morts. Les soldats qui ont tué beaucoup d'ennemis sont récompensés avec de l'or ou des terres. Temple de Médinet Habou.

CLÉOPÂTRE

Née en 69 av. J.-C., Cléopâtre a hérité en 51 av. J.-C. de la couronne d'Égypte avec son jeune frère Ptolémée XIII qu'elle éliminera. Intelligente et cultivée, la jeune femme a tout pour séduire les généraux romains qui débarquent en Égypte. Après César, c'est Antoine qui succombe à ses charmes. Il s'unit à elle et lui livre la partie orientale de l'Empire romain. Vaincus en 31 av. J.-C. à Actium par Octave, le futur empereur Auguste, tous deux se suicident l'année suivante lorsque le vainqueur vient prendre possession de l'Égypte, la nouvelle colonie de Rome. À en croire la légende, Cléopâtre aurait choisi de se faire piquer par un serpent...

SOUS DOMINATION ÉTRANGÈRE

La Troisième Période Intermédiaire (1070-664 av. J.-C.) prend le relais. Au cours de cette période troublée se succèdent des dynasties parallèles formées notamment de rois d'origine libyenne. On comptera jusqu'à cinq pharaons en même temps ! Les rois de la XXIe dynastie (1070-946 av. J.-C.) ont installé leur capitale à Tanis, dans le Delta. C'est là qu'ils ont été enterrés, tout comme leurs successeurs de la XXIIe dynastie (946-735 av. J.-C.). En 1939, certains de ces tombeaux ont été retrouvés intacts par l'égyptologue français Pierre Montet. Ils contenaient encore les magnifiques trésors des rois de Tanis.

Vers 746 av. J.-C., des conquérants venus du Soudan soumettent l'Égypte et fondent la XXVe dynastie. En 664 av. J.-C., ils sont chassés par le prince de la ville de Saïs, dans le Delta. Devenu roi sous le nom de Psammétique Ier, il inaugure une brillante période de renaissance politique, économique et artistique. Celle-ci prend fin en 525 av. J.-C. avec la conquête et la domination des Perses. Après une brève période d'indépendance et une seconde domination perse, l'Égypte est conquise en 332 av. J.-C. par Alexandre le Grand.

DES GRECS POUR PHARAONS

Après la mort d'Alexandre, ses généraux se partagent son empire. C'est ainsi que Ptolémée, fils de Lagos, reçoit l'Égypte. En 309 av. J.-C., il crée la dynastie ptolémaïque ou lagide. Les pharaons grecs établissent leur capitale à Alexandrie, la ville fondée par Alexandre au bord de la Méditerranée. Les Ptolémées, qui encouragent les sciences et la philosophie, font d'Alexandrie l'un des premiers centres culturels du bassin méditerranéen. Ils laissent les Égyptiens pratiquer leurs cultes et conserver leurs coutumes. Les prêtres, qui continuent à élever des temples aux dieux traditionnels, représentent les rois grecs face aux dieux égyptiens. Au fil des trois siècles de son existence, la dynastie lagide, déchirée par les querelles familiales, s'affaiblit et décline. Cléopâtre VII, dernière reine d'Égypte, ne peut que retarder jusqu'en 30 av. J.-C. l'annexion du pays par le puissant Empire romain.

Alexandrie se signalait de loin par son phare, considéré comme l'une des sept merveilles du monde antique. Elle était aussi célèbre pour son musée, en fait un centre d'études qui attirait des savants de tout le monde grec. Il disposait d'une bibliothèque d'une grande richesse.

SANS LE ROI, LE DÉSORDRE

Le roi d'Égypte est la plus haute autorité du pays. Il est à la fois le propriétaire de toutes les terres, le chef suprême du gouvernement et de l'administration et le commandant de l'armée. Il est aussi le chef du clergé. Choisi par les dieux pour maintenir l'ordre du monde qu'ils ont créé, il est celui qui représente les hommes face aux divinités. Mais le roi est également un mari et un père de famille.

Ci-contre : il suffit de contempler le colosse de Ramsès II, dressé devant la façade du temple d'Abou Simbel, pour mesurer toute la puissance du pharaon.

Ci-dessus : le superbe portrait de Ramsès III rappelle le caractère humain du pharaon. Il représente le pharaon qui accompagne son fils mort dans l'au-delà. Vallée des Reines.

Pharaon. C'est un mot égyptien qu'on utilise toujours pour désigner le roi d'Égypte. Il vient de "per aa", grande maison ou la plus grande maison. Cette expression qui qualifie le palais royal désigne aussi son occupant à partir de 1450 av. J.-C. environ. Les Grecs nous l'ont transmis sous la forme de "Pharao". L'héritier du trône est normalement le fils aîné ou un autre fils de la reine en titre. Si elle n'a pas de garçon, l'élu sera le fils d'une concubine. Et si le roi n'a pas d'enfant mâle, il nommera comme successeur un gendre ou un membre de sa famille. Et, enfin, s'il n'a pas de descendant, il choisira l'un de ses dignitaires.

LE FILS DES DIEUX

Le pharaon a deux natures. Il est d'abord et avant tout un homme. Mais il est aussi un dieu par sa fonction, la royauté qui est divine. C'est en fait un homme qui joue sur terre le rôle d'un dieu. Mais ce n'est pas un dieu à part entière, car il ne fait pas de miracle et il ne sait pas tout comme les divinités. Lorsqu'un nouveau roi monte sur le trône, on célèbre, dans l'un des principaux temples du pays, deux grands rituels ou ensembles de cérémonies. Le premier, celui de la naissance, explique que le roi est le fils du dieu Amon-Rê, le chef de tous les dieux. Le deuxième, celui du couronnement, transforme le fils du dieu en roi. Il se termine par la pose de la couronne bleue par Amon-Rê. Les titres et les noms du roi soulignent aussi son caractère divin. Parmi ses cinq noms, deux sont entourés d'un signe ovale, le car-

DES COURONNES ET DES SCEPTRES

Le pharaon se reconnaît à ses couronnes, protégées par le cobra, et à ses sceptres. Parmi elles figurent la couronne blanche de Haute-Égypte et la couronne rouge de Basse-Égypte. Rassemblées, elles forment la double couronne ou *pschent*, image de la domination sur toute l'Égypte. Le roi porte aussi le *némès*, un tissu rayé, et la couronne bleue, un bonnet de cuir avec des pastilles de métal. Au menton il arbore une barbe postiche en forme de trapèze, différente de celle des dieux qui est recourbée. Dans ses mains, le souverain tient les symboles de son pouvoir : un ancien bâton de berger recourbé et un chasse-mouches.

touche. Il y d'abord le nom de fils de Rê, le dieu du Soleil qui a créé le monde. Il est donné à la naissance. Puis il y a le nom de roi de Haute et Basse-Égypte ou de couronnement, reçu par le roi au cours de cette cérémonie.

Importante cérémonie, le couronnement du roi est célébré dans l'un des principaux temples du pays, ici Karnak. Des prêtres, qui jouent le rôle des dieux, purifient le pharaon. Puis ils imposent une première couronne. Enfin, ils conduisent le souverain vers Amon-Rê, le chef de tous les dieux. Celui-ci lui donne la couronne bleue. Derrière Amon, une déesse allaite le roi. C'est une façon de consacrer son passage à l'état de roi.

LE PROPRIÉTAIRE DU PAYS

Le roi est en principe le propriétaire du pays. Il possède toutes les terres et les ressources telles que les carrières de pierre et les mines. Dans la réalité, il cède beaucoup de terres aux temples et aux administrations afin qu'ils pourvoient à leur entretien et qu'ils rémunèrent leurs employés. Mais il conserve un contrôle sur ces biens en tant que responsable des temples et chef de l'administration. Le souverain attribue aussi des terrains à des dignitaires, à des fonctionnaires et à des soldats qui l'ont bien servi. Parfois il ne les donne que pour un temps limité. Souvent il accorde aux bénéficiaires de ses largesses le droit de les léguer à leurs héritiers. Le pharaon garde pour lui-même un domaine privé très étendu.

Le système de distribution des terres atteint ses limites à la fin du Nouvel Empire (1550-1070 av. J.-C.). Il entraîne même sa disparition. Les temples et les administrations sont alors devenus de grands propriétaires fonciers. Malgré les biens dont elles disposent, ces institutions ne parviennent plus à faire face à la fois à l'entretien d'un personnel en constante augmentation et à la construction très coûteuse de monuments. Le roi est contraint de leur donner sans cesse de nouvelles terres pour les renflouer. Mais cela ne suffit pas. Car à ces terres sont atta-

C'est la grève à Deir el-Médineh ! Entre les ouvriers qui ont cessé le travail, les discussions vont bon train. L'administration réparera-t-elle ses torts ? Versera-t-elle enfin les salaires en retard ? En attendant, pas question de reprendre le travail à la tombe royale !

DES OUVRIERS EN GRÈVE

« Nous avons faim ! » C'est par ce cri que s'ouvre en 1256 av. J.-C., sous le règne de Ramsès III, la première grève de l'histoire. Voici trois semaines que les ouvriers de Deir el-Médineh, qui creusent et décorent les tombes de la Vallée des Rois à Thèbes, n'ont pas reçu leur salaire. Ils cessent alors le travail et ils manifestent pour obtenir la livraison du blé, du poisson et des légumes qui forment leur rémunération. Ils finiront par obtenir gain de cause, le retard n'étant dû qu'à l'insouciance de l'administration. Sous les derniers successeurs de Ramsès III, les grèves des ouvriers de Deir el-Médineh traduiront les difficultés économiques de l'époque.

chés beaucoup de paysans et de fonctionnaires qu'il faut entretenir. Le problème recommence. Tant que l'Égypte a dominé un vaste empire en Nubie et en Syrie-Palestine, son économie n'a pas connu de difficultés. En effet, les tributs versés par les peuples soumis et les butins de guerre ont compensé très largement les pertes des institutions. Mais à la fin du Nouvel

Empire, l'Égypte perd ses possessions étrangères. La crise économique fait rage. Les salaires ne sont plus versés régulièrement. À Thèbes, la population prend les richesses où elles se trouvent : dans les tombes de la Vallée des Rois. La XXe dynastie (1186-1070 av. J.-C.) s'effondre, le Nouvel Empire est balayé.

LE CHEF DU GOUVERNEMENT

Le roi détient tous les pouvoirs. Sur terre, il n'a de comptes à rendre à personne. En revanche, il doit satisfaire les dieux qui lui ont confié la royauté. Les divinités exigent qu'il fasse régner la Maât, c'est-à-dire la justice et l'ordre. Ce principe s'incarne dans la déesse Maât, identifiable à la plume qu'elle porte sur la tête. Si le roi ne remplit pas bien sa mission, le monde créé par les dieux risque de retourner au chaos d'où il est sorti. Le souverain doit respecter ses sujets et ne pas profiter de son pouvoir pour confisquer leurs biens par exemple. Il est tenu aussi de respecter la vie humaine et de ne pas tuer sans nécessité.

DE PUISSANTS MINISTRES

Le pharaon gouverne avec l'aide de dignitaires à qui il délègue certains de ses pouvoirs. Le personnage le plus important après le roi est le vizir. Ses responsabilités sont telles qu'à partir de la XVIIIe dynastie, elles sont partagées entre deux vizirs, un pour le nord et un pour le sud. Le vizir est responsable de l'administration du territoire. Il supervise la production agricole et le paiement des impôts. Ses services conservent les archives, actes juridiques, cadastre, dossiers des fonctionnaires. Cela vaut au vizir d'être aussi ministre de la Justice. Chef des gendarmes et de la police, il veille également au respect de l'ordre. Un chef du Trésor, ou ministre des Finances, assiste le vizir. Il s'occupe de tous les impôts autres que ceux prélevés sur les céréales, qui sont du ressort du chef des greniers. Le directeur du Trésor encaisse aussi les tributs étrangers. Parmi les dirigeants figurent aussi les personnages attachés à la maison du roi. L'intendant des domaines royaux gère ses vastes propriétés privées. Le directeur du bureau des dépêches du Seigneur du Double Pays est une sorte de ministre des Affaires étrangères. Il s'occupe des colonies égyptiennes.

Maât, déesse de la justice et symbole de l'ordre du monde, se distingue par la plume d'autruche qu'elle porte sur la tête. Elle est souvent représentée assise, sous la forme d'une figurine. Sur ses genoux se dresse le signe de vie, ankh.

UNE ADMINISTRATION EFFICACE

Quatre scribes, installés sous un portique avec leur maître, recensent le bétail élevé par les paysans. Modèle de Meketrê, musée du Caire.

Les ministres dirigent des administrations fortement hiérarchisées qui emploient beaucoup de fonctionnaires ou scribes. Ces hommes qui savent lire et écrire se détachent de la masse des paysans, des ouvriers et des artisans illettrés. Ils sont formés dans les écoles qui dépendent des différentes administrations. Les fonctionnaires sont partout. Ils comptent tout, ils enregistrent tout. Cela est indispensable à la bonne gestion

Dans la tombe du général Horemheb à Saqqara, des scribes de l'armée enregistrent la soumission des ennemis.

du pays. Grâce à eux, le roi et les ministres connaissent exactement les ressources dont ils disposent et les quantités de provisions sur lesquelles ils peuvent compter en cas de mauvaises récoltes. Cela permet d'éviter la famine. Régulièrement, les fonctionnaires locaux envoient des rapports à leurs supérieurs de l'administration centrale. Les ministres, tenus au courant de tout ce qui se passe dans le pays, peuvent agir rapidement si nécessaire.

Comme Horkhouef, gouverneur d'Assouan, les dignitaires font graver dans leur tombe le récit de leur vie et de leurs hauts faits. Grâce à ces inscriptions, on connaît la carrière des hauts responsables de l'administration.

DES EXPÉDITIONS PACIFIQUES

C'est le pharaon qui détient le monopole du commerce des matières précieuses et des objets de valeur avec l'étranger. Pour se procurer ces marchandises, il organise de grandes expéditions. Il en confie la direction à des grands dignitaires. La monnaie n'existant pas, les Égyptiens emportent des objets fabriqués dans leur pays pour régler leurs achats. Dès l'Ancien Empire (2707-2216 av. J.-C.), des caravanes d'ânes se rendent jusqu'au Soudan en empruntant les pistes du désert ou en longeant le Nil. Elles rapportent des produits d'Afrique noire : bois d'ébène, ivoire, encens et peaux de panthère. Horkhouef, le gouverneur d'Assouan, chef de plusieurs expéditions, a également ramené un pygmée pour la plus grande joie du roi.

Une caravane d'ânes, chargés de peaux de panthère, de défenses d'éléphant et de bois d'ébène, revient du Soudan. Bien que l'expédition soit pacifique, ses membres sont des militaires. En effet, les soldats ont l'habitude des longues marches et des conditions de vie difficiles. Le bétail, qui suit les bêtes de somme, sert à nourrir les hommes.

Au Liban, le pharaon s'approvisionne en cèdre. Avec ce bois résistant, qui n'a pas d'équivalent en Égypte, on fabrique les portes des temples et l'on construit des navires. Rien n'étant trop beau pour les dieux, la reine Hatchepsout n'hésite pas à envoyer la flotte égyptienne chercher pour leurs temples de l'encens au pays de Pount, sur la côte sud du Soudan et la côte nord de l'Éthiopie.

En Égypte, les bateaux forment le moyen de transport le plus commode entre le sud et le nord.
Tombe de Nakht.

LE COMMANDANT DE L'ARMÉE

La guerre est une autre façon d'acquérir les produits étrangers. Le roi, chef suprême de l'armée, prend souvent lui-même la direction des opérations. Lorsqu'il bat des cités ou des États étrangers, il les soumet au tribut, un impôt payé en nature. Sous la XVIIIe dynastie (1550-1292 av. J.-C.), les pharaons se taillent des colonies en Nubie, au Soudan et en Syrie-Palestine qui les enrichissent.

Depuis le début du Nouvel Empire, la puissante armée du pharaon se compose d'une infanterie et d'une "charrerie" formée de combattants montés sur des chars. La plus grande unité est la division qui comprend cinq mille hommes, à la fois fantassins et combattants à char. En 1274 av. J.-C., à Qadesh en Syrie, Ramsès II a emmené quatre divisions dont une qu'il commandait personnellement. Le roi est entouré d'un état-major et d'officiers qui l'aident à définir sa stratégie. Il est souvent accompagné par ses fils en âge de combattre qu'il initie à l'art de la guerre.

Dans sa tombe, à Thèbes, le vice-roi de Nubie Houy a fait figurer l'apport des tributs au pharaon Toutankhamon par les étrangers sous domination égyptienne. Les amis de l'Égypte ont profité de l'occasion pour apporter des présents.

UN DIPLOMATE HABILE

Lorsqu'il n'est pas en guerre avec les grands empires du Proche-Orient auxquels il dispute certaines zones d'influence en Syrie-Palestine, le roi entretient avec eux des relations diplomatiques. Parmi ces grands royaumes on trouve par exemple le Hatti, l'Empire hittite. Quelques années après la bataille de Qadesh, le souverain hittite a engagé des négociations avec Ramsès II par émissaires interposés. Les discussions ont abouti à la signature du premier traité de paix de l'histoire, grâce auquel la région connaît de longues années de tranquillité et de prospérité. Pour sceller le traité, le roi hittite a cédé en mariage deux de ses filles au roi égyptien. De leur côté, les pharaons, sûrs de la supériorité de leur pays, ne donnent jamais de princesses en mariage aux souverains étrangers. Ces derniers tiennent trop à l'amitié de l'Égypte pour protester. Ils veulent avoir accès à ses importantes réserves de blé et d'or. Près des tributs apportés au pharaon figurent souvent les cadeaux envoyés par les rois étrangers qui attendent en retour des présents non moins somptueux.

UN MARI ET UN PÈRE

La plupart des pharaons n'ont qu'une épouse officielle, la Grande Épouse royale ou la reine. Mais ils ont des épouses secondaires et des concubines qui vivent dans des harems avec leurs enfants. Ramsès II, qui a eu huit Grandes Épouses royales, fait exception. Le souverain épouse en général des filles de nobles familles égyptiennes ou des princesses étrangères.
Le roi envoie ses fils, et parfois peut-être même aussi ses filles, à l'école du palais où ils étudient avec les enfants des plus hauts dignitaires. C'est parmi ces compagnons de jeunesse qu'une fois sur le trône le prince recrutera les grands serviteurs de l'État. À côté de cette formation intellectuelle, le roi veille à ce que ses fils apprennent à manier les armes. Il les emmène s'entraîner à la chasse et sur les champs de bataille.

Les Égyptiens ont très rarement représenté le pharaon dans l'intimité. Pourtant, il aimait se délasser avec les siens.

À gauche, les fils de Ramsès III chassent le taureau avec leur père. Ci-dessous, l'un des nombreux fils de Ramsès II participe à une cérémonie religieuse. Temples de Médinet Habou et de Louqsor.

Comme chaque jour, le roi Akhénaton et son épouse Néfertiti quittent le palais, représenté en haut de la scène. Montés sur leur char, ils prennent la tête du cortège qui se dirige vers le temple d'Aton, à Amarna. Ils vont adorer le disque solaire, devenu le seul dieu du pays. Tombe de Mérirê à Amarna.

UN ROI PAS COMME LES AUTRES

Peu après le début de son règne, Aménophis IV (1350-1334 av. J.-C.) rompt avec la religion traditionnelle et bouleverse la société égyptienne. Il remplace Amon-Rê, le chef de toutes les divinités, par un nouveau dieu appelé Aton. Il s'agit du disque solaire représenté avec des rayons terminés par des mains. Au fil du règne, Aton s'imposera comme le dieu unique. Mais les changements ne concernent pas seulement les dieux. Ils touchent aussi le roi. Le pharaon abandonne son nom d'Aménophis (Amon est satisfait) pour celui d'Akhénaton, "la Brillance d'Aton". Contrairement à ses prédécesseurs, Akhénaton se considère comme un dieu à part entière. Il est un dieu non seulement par la fonction qu'il occupe mais aussi par sa personne. Il croit qu'il est la manifestation du dieu sur la terre. Le roi, son épouse Néfertiti et leurs six filles remplacent désormais les statues dans lesquelles s'incarnaient les autres dieux et auxquelles on rendait le culte dans les sanctuaires. Si les hommes ont quelque chose à demander à Aton, ils doivent obligatoirement passer par Akhénaton. Jamais en Égypte on n'avait connu un pouvoir aussi absolu.

UN PHARAON QU'ON VEUT OUBLIER

Akhénaton construit pour son dieu des temples d'un type complètement nouveau. Au lieu des monuments obscurs au fond desquels on enfermait la statue divine, il fait bâtir des temples à ciel ouvert. Les rayons d'Aton inondent les édifices et puisent leur nourriture sur les centaines d'autels disposés dans les cours. Le roi modifie volontairement son image. Il se fait figurer avec un crâne allongé, des membres grêles, un bassin et des cuisses énormes.
En l'an 6 de son règne, il quitte Thèbes pour une nouvelle capitale, Akhétaton ou l'Horizon du Disque, l'actuelle Amarna, située à 350 kilomètres environ au nord de Thèbes. Là, il se consacre à sa religion. Après sa mort, les Égyptiens reviennent aussitôt à leurs anciens dieux et à la conception habituelle de la personne royale. Les temples d'Aton sont démontés, la ville d'Amarna est abandonnée. Le nom d'Aménophis IV est rayé des listes royales et effacé des mémoires. Quand on parle de lui, on emploie l'expression "le criminel d'Akhétaton".

LA REINE NÉFERTITI

**Néfertiti a sans doute épousé Aménophis IV avant qu'il n'accède à la royauté. Jeune femme d'une grande beauté, comme en témoignent certains de ses portraits, elle était sans doute la fille d'Aye, grand dignitaire et futur roi.
Elle fut pleinement associée à la réforme menée par Aménophis IV. Morte en l'an 14 du règne, trois ans avant le roi, Néfertiti fut enterrée dans la tombe royale d'Amarna. La sépulture fut vidée après l'abandon de la ville. On n'a donc pas retrouvé la momie de la reine. Néfertiti ne fut pas la seule femme d'Akhénaton. Le roi eut aussi une épouse du nom de Kiya.**

Akhénaton est représenté avec un crâne démesurément allongé, des yeux très étirés et un menton proéminent. Le relief est gravé sur une talatate provenant d'un des temples d'Aton à Karnak. Les talatates sont les blocs de pierre de petites dimensions avec lesquels Akhénaton a fait bâtir les temples de son dieu.

VIVRE AU QUOTIDIEN

Quel métier exerçaient les Égyptiens ? Quel genre de maisons habitaient-ils ? Se mariaient-ils par amour ? Aimaient-ils les enfants ? Comment éclairaient-ils les maisons ? Possédaient-ils des salles de bain ? Que mangeaient-ils ? Quelles distractions appréciaient-ils ? Autant de questions que soulève la vie de tous les jours des sujets du pharaon. Plus que les villes et villages, ce sont les tombes qui y répondent à travers leur décor et leur contenu.

Ci-contre : quel sens de l'observation chez les artistes qui ont figuré dans les tombes des grands personnages du royaume les activités quotidiennes et la nature et ses produits ! Dans la tombe de Menna, à Thèbes, un serviteur accompagne son maître qui chasse dans les marais. Il tient les canards que son maître a touchés avec un bâton de jet. De sa main libre, il cueille des papyrus.

Ci-dessus : traversée du gué dans la tombe de Ti, à Saqqara.

Les anciens Égyptiens étaient surtout des paysans. Ce sont eux qui formaient l'immense majorité de la population. D'après certaines estimations, celle-ci serait passée d'un million six cent mille au temps des constructeurs des grandes pyramides, c'est-à-dire vers 2500 av. J.-C., à trois millions sous le règne de Ramsès II, vers 1250 av. J.-C. À la fin du règne de la reine Cléopâtre, en 30 av. J.-C., le nombre d'habitants aurait atteint les cinq millions. On était bien loin des quelque soixante-trois millions de la population égyptienne actuelle !

DES PAYSANS PAR MILLIERS

Les paysans se réveillent très tôt. Alors que la paysanne, assistée par ses filles, s'occupe des repas et du ménage et qu'elle tisse les étoffes pour confectionner les vêtements, son mari et ses fils s'en vont prendre soin des animaux ou travailler aux champs. Ils sont, en majorité, au service de grands propriétaires ou d'institutions comme les temples.

Les paysans élèvent des vaches, des chèvres, des moutons ou des porcs pour la viande ou le lait. Des oies et des canards circulent en liberté dans les ruelles du village. Ils ne croisent ni coqs ni poules, encore inconnus des Égyptiens. Les paysans ne mangent pas de la viande à tous les repas, loin de là. Pour améliorer les menus, ils pêchent parfois du poisson ou ils attrapent des cailles et des pintades au filet. Ils cultivent aussi des oignons, des poireaux, des courgettes, des concombres, des melons, des fèves, des lentilles, des haricots. Ils cueillent aussi les papyrus dont ils consomment le bas des tiges, cuisiné en ragoût.

DES SEMAILLES AUX RÉCOLTES

Ce sont les céréales, blé et orge, qui fournissent la base de l'alimentation. Le blé sert à fabriquer le pain, l'orge la bière. Leur

La production du blé, de la culture au transport des sacs de céréales par bateau vers les greniers, fait souvent partie du décor des tombes. Labours, semences, arpentage du champ pour mesurer son étendue et calculer l'impôt en céréales, récolte, dépiquage des épis piétinés par des troupeaux et vannage des grains projetés en l'air, toutes les étapes de la culture du blé sont figurées dans la tombe de Nakht. Grâce à ces scènes, le mort est assuré d'avoir à manger pour l'éternité.

culture est rythmée par les saisons. À la fin de la Saison de l'Inondation, les paysans labourent les champs avec un attelage de bœufs qui tire l'araire. Puis ils sèment les grains. C'est la Saison des Semailles. Lorsque les céréales ont poussé, les paysans voient arriver les arpenteurs qui viennent mesurer les champs et vérifier que les bornes, délimitant les parcelles, n'ont pas été déplacées après la crue. C'est à partir de leurs mesures que l'on calculera l'impôt payable en nature. La Saison des Récoltes arrive. À l'aide de faucilles pourvues de lames de silex, les paysans taillent les épis qui sont ensuite transportés sur l'aire de dépiquage. Là, ils sont piétinés par des bœufs, des mou-

LA SATIRE DES MÉTIERS

Pour prouver que la profession de scribe est la meilleure, l'auteur du texte dénigre tous les autres métiers :
« Quand il [le paysan] parvient à son champ, il constate qu'il est prêt à être cultivé. Il trime dur pour labourer. Le serpent le suit et avale la semence au moment où elle touche le sol. Le paysan ne voit pas une pousse verte. Il laboure trois autres fois avec de l'orge empruntée. Sa femme s'est rendue auprès des marchands et n'a rien trouvé à troquer. C'est alors que le scribe débarque sur la rive et qu'il estime l'impôt sur la récolte. Il est escorté de gardes armés de bâtons et de Nubiens tenant des gourdins. Ils lui disent : "apporte l'orge"; mais il n'y en a pas. Le paysan est alors roué de coups. »

Miriam Lichtheim, *Ancient Egyptian Literature I, The Old and Middle Kindoms*, Berkeley, Los Angeles, Londres, University of California Press, 1975.

Peigne en bois en forme de bouquetin.

Coupe à onguent en albâtre.

Miroir en bronze avec un manche décoré de la tête de la déesse Hathor.

Boucles d'oreille.

tons ou des cochons afin de séparer les grains de la tige. Il ne reste plus qu'à vanner les grains, c'est-à-dire les projeter en l'air pour les débarrasser de la paille et des impuretés, et à les mettre dans les sacs. Ceux-ci sont ensuite transportés par bateau vers les greniers dans lesquels on les vide.

DES ARTISANS POUR LE MÉTAL ET POUR LE BOIS

Pendant que les paysans s'emploient à nourrir la population, les artisans lui procurent les objets manufacturés. Les plus qualifiés d'entre eux travaillent dans des ateliers appartenant au roi, aux temples et aux grandes institutions. Les autres sont au service des grands dignitaires. C'est l'employeur qui fournit les matières premières et l'outillage, et qui décide des modèles à exécuter. Le travail s'effectue en équipe. Chacun accomplit une tâche précise. Les métallurgistes, qui fondent le cuivre et obtiennent les alliages de bronze, créent des vases, des plats et des bassins destinés aux temples ou aux maisons des nobles. Ce sont eux aussi qui fabriquent les outils, haches, scies, ciseaux, herminettes. Ils produisent des objets de toilette comme les miroirs, les pinces à épiler ou les rasoirs. Les plus habiles fondent de belles statuettes. Les menuisiers confectionnent les meubles de la maison et ceux de la tombe. Ils exécutent aussi l'équipement funéraire comme les cercueils en bois. D'autres sont spécialisés dans la construction des bateaux. Les verriers sont quant à eux au service exclusif du souverain. Les récipients en verre non soufflé, peu nombreux, étaient réservés au roi et à ses courtisans.

DES POTS ET DES TISSUS

Les artisans qui travaillent une matière première plus commune ne dépendent pas à ce point du roi et des institutions. C'est le cas par exemple des potiers et des fabricants de briques crues qui sont présents un peu partout depuis la préhistoire. Les premiers façonnent les vases, les jarres pour l'eau, la bière ou le vin, les plats, les coupes à boire dont on se sert tous les jours. Les exemplaires les plus simples ne sont pas décorés. Les plus luxueux sont peints. Les fabricants de briques crues produisent le principal matériau de construction, celui avec lequel on bâtit tous les édifices civils, palais, maisons, bâtiments administratifs. Dans toutes les maisons et dans les harems royaux, les femmes filent et tissent le lin, et cousent les vêtements.

DES ARTISTES ANONYMES

Comme celui des artisans, le travail des artistes, dessinateurs, peintres et sculpteurs, est collectif. C'est l'une des raisons pour lesquelles ils ne signent pas leurs œuvres. L'autre raison est que les représentations jouent un rôle religieux et pas simplement décoratif. On connaît cependant certains artistes grâce aux inscriptions de leurs tombes. Ils sont très fiers de leur profession. Dessinateurs, peintres et sculpteurs, qui ont le privilège d'orner les parois des temples et des tombes, jouissent d'un statut plus élevé que celui des artisans.

Tube à khôl en forme de singe grimpant à un palmier.

Flacons en verre

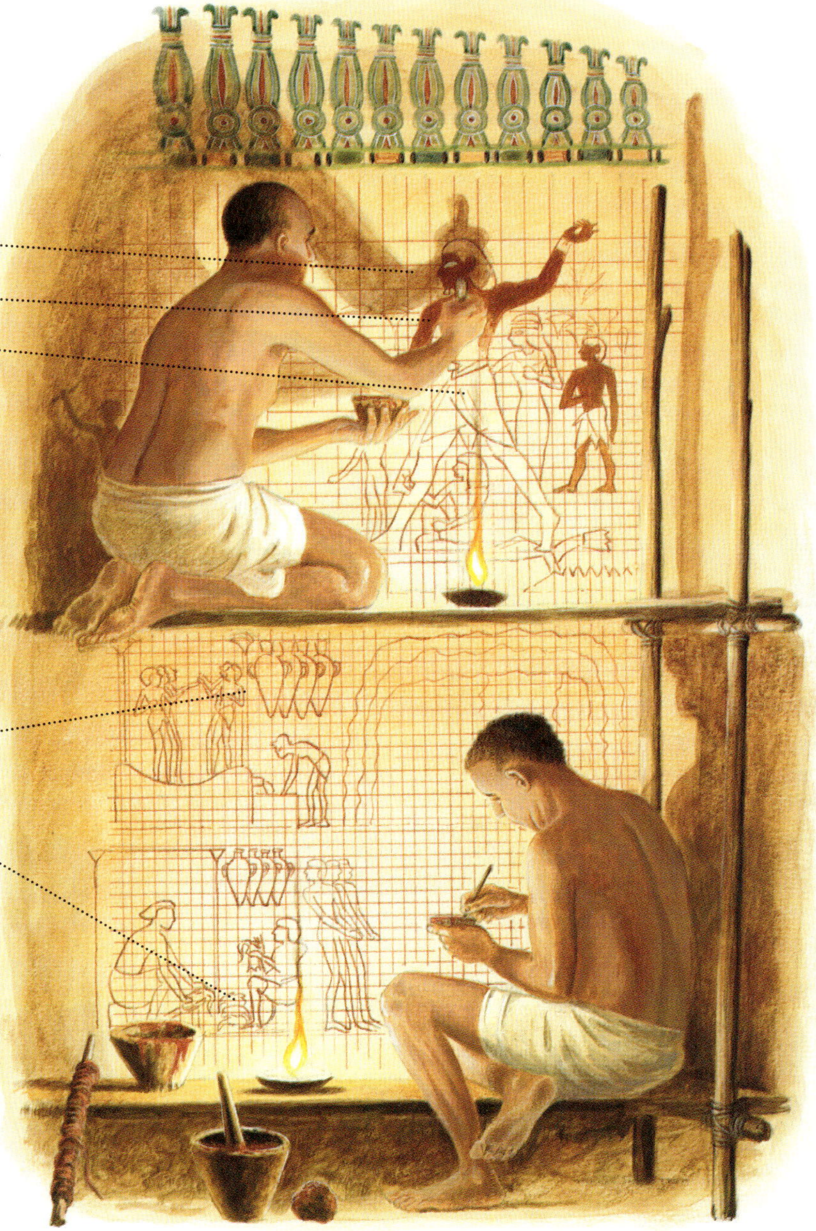

Les représentations sont peintes a tempera, *c'est-à-dire avec de la couleur délayée dans de l'eau et liée avec de la gomme, de la gélatine ou de l'œuf. La couleur provient de pigments d'origine minérale tels que les oxydes de fer pour le rouge et le brun et des minerais de cuivre pour le vert. Cela explique l'excellent état de conservation de certaines peintures. En haut figure la pêche au harpon et en bas la fabrication du vin par des paysans qui piétinent le raisin et la préparation des conserves de canard.*

Recrutés parmi les fils des artistes, les apprentis créateurs apprennent le métier auprès de leurs aînés. Outre les techniques, ils étudient les scènes religieuses et les images des dieux. Les dessinateurs s'initient également aux hiéroglyphes. Pour s'entraîner, les élèves utilisent des éclats de calcaire appelés *ostraca* (*ostracon* au singulier).

DESSINER ET PEINDRE

Les dessinateurs jouent un rôle essentiel. Ils préparent les parois avant l'intervention des peintres ou des sculpteurs. Avant toute

chose, ils quadrillent les murs à l'aide de cordes imbibées d'encre rouge. Puis en s'aidant des carreaux, ils reportent sur le mur les scènes et les personnages figurés sur leur modèle, soit un papyrus, soit des ostraca. Ils dessinent avec des pinceaux également trempés dans l'encre rouge. Le chef des dessinateurs fait ses corrections en noir.
Les dessinateurs respectent les règles immuables de l'art égyptien. Ainsi, pour rendre compte des caractéristiques principales des êtres, des animaux ou des objets à reproduire, ils combinent les points de vue. Ils représentent les hommes avec le visage de profil, mais avec l'œil de face, la poitrine également de face, le bassin de trois quarts et les jambes de profil. Ils décalent à la verticale ou à l'horizontale les figures formant des files ou des tas afin qu'on puisse tous les compter. Les peintres, qui succèdent aux dessinateurs, utilisent pour les couleurs des pigments d'origine minérale, réduits en poudre et délayés avec de l'eau. Ils appliquent la peinture par grands aplats avec des brosses en fibres végétales.

LE VILLAGE DE DEIR EL-MÉDINEH

Vers 1500 av. J.-C., le roi Thoutmosis Ier de la XVIIIe dynastie fonde un village où résideront les ouvriers et artistes qui vont creuser et décorer pendant quelque quatre cents ans les tombes de la Vallée des Rois, à Thèbes. Le village, appelé aujourd'hui Deir el-Médineh, est relié à la Vallée des Rois par un sentier qui traverse la montagne thébaine. Les maisons, dont la base est conservée, et les tombes des artistes ont livré une mine d'informations sur la vie quotidienne des villageois et sur l'organisation du travail dans la Vallée des Rois.

SCULPTER DES RELIEFS

Dans tous les temples et dans beaucoup de tombes, les parois sont décorées de reliefs, plus durables que la peinture. Ce sont alors les sculpteurs qui complètent le travail des dessinateurs. S'ils taillent la pierre à l'extérieur des contours des personnages, des animaux ou des objets, ils obtiennent un relief en saillie ou en champlevé. S'ils enlèvent la pierre à l'intérieur des contours, ils réalisent un relief dans le creux. Cette dernière technique est le plus souvent réservée aux murs extérieurs des monuments, car le relief dans le creux accroche mieux la lumière du soleil. Les artistes détachent la pierre avec des ciseaux en bronze de différentes dimensions et des maillets en bois. Puis ils polissent la sculpture avec une pierre très dure et du sable. C'est aux peintres qu'il revient ensuite d'exécuter les finitions. Avant de peindre la pierre, ils la recouvrent d'un fin enduit. Ils font parfois apparaître des détails du costume et des parures qui ne sont pas sculptés.

CONTRÔLER SON IMAGINATION

Pas question pour les artistes égyptiens de laisser libre cours à leur imagination et d'inventer les scènes figurées sur les parois des temples et des tombes. Ces représentations, qui ont pour fonction de perpétuer à jamais le culte dans les temples et d'assurer la survie des morts, reproduisent des modèles bien définis. Ne pas les respecter équivaudrait à menacer le culte et l'existence future du défunt. Cependant, dans les scènes inspirées de la vie quotidienne et d'événements réels, les artistes ont une plus grande liberté et peuvent faire preuve d'humour. Dans les reliefs de la bataille de Qadesh, ils se moquent de l'adversaire en montrant un chef ennemi qui a pris un bain forcé dans le fleuve : pour lui faire régurgiter l'eau qu'il a absorbée ses hommes secouent le malheureux en le tenant par les pieds ! Sur les ostraca et sur les papyrus, ils figurent les animaux avec des rôles inversés et dans des attitudes humaines. C'est ainsi que le chat coiffe une souris ou garde les oies.

FABRIQUER DES STATUES

À longueur de journée, les ateliers de sculpture résonnent du va-et-vient des scies et des coups de ciseau et d'herminette. Avec leurs outils, les sculpteurs dégrossissent les gros blocs de pierre ou de bois. Ils détachent la pierre ou le bois en suivant le dessin au trait noir qui esquisse la forme de la statue. Plus le travail progresse, plus les outils s'affinent. Petit à petit, la tête, les bras, les jambes apparaissent. Après le polissage, les sculpteurs laissent à nouveau la place aux peintres.

Pour les temples de Thèbes, les sculpteurs façonnent des statues de Sekhmet, la dangereuse déesse lionne. Aux statues des rois et des particuliers, les sculpteurs donnent l'aspect le plus vivant possible. Les yeux sont peints ou incrustés de cristal de roche et d'albâtre.

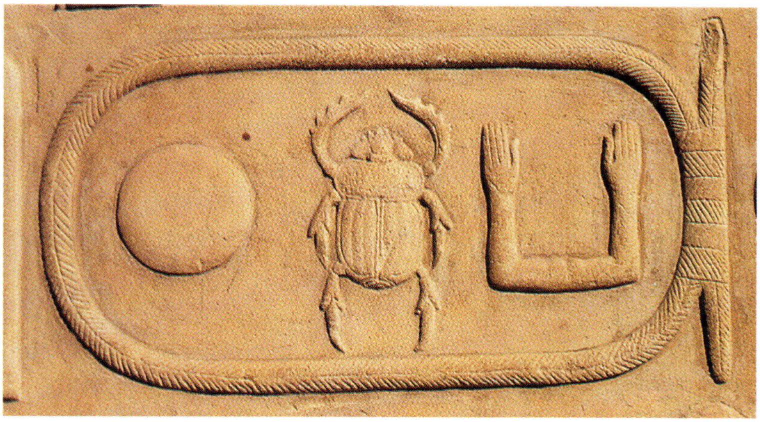

Relief en saillie ou en champlevé

Relief dans le creux

Les statues à l'image des dieux et des rois sont destinées aux temples. Là, les statues de particuliers sont rares : seuls quelques grands dignitaires obtiennent du roi l'immense faveur de déposer une statue à leur image dans le temple. Grâce à elles, ils profitent des offrandes présentées aux divinités. Les statues de nobles sont en revanche très nombreuses dans les tombes. Ces images sont très importantes car elles permettent au mort de continuer à vivre dans l'au-delà.

UN TOIT SUR LA TÊTE

Paysans, ouvriers, artisans, fonctionnaires, grands dignitaires et pharaons, les Égyptiens, quel que soit leur rang, habitent tous des maisons en briques de terre crue. Mais elles ne présentent pas les mêmes dimensions. Elles n'offrent pas non plus le même confort. Les gens du peuple vivent dans de petites maisons de trois ou quatre pièces aux murs assez minces. Les nobles occupent de grandes villas qui se composent de salles de réception, de chambres à coucher, de salles d'eau. Les murs, très épais, isolent les habitants de la fraîcheur de l'hiver et de la chaleur de l'été. Sur le toit, des bouches de ventilation aèrent la maison. Des annexes abritent les cuisines, les magasins pour les provisions et les ateliers pour les artisans. Des jardins, plantés d'arbres et de fleurs et agrémentés d'un bassin où flottent des nénuphars et où s'ébattent des canards, invitent à la promenade. Le palais royal comprend de multiples salles. Les parois et le sol sont souvent ornés de peintures évoquant la nature.

UN MOBILIER LUXUEUX

Tabourets bas en pierre ou en bois, chaises, divan en briques crues, tables basses et coffres de rangement en roseau, tels sont les quelques meubles dont s'entourent les familles simples. Rien à voir avec les superbes fauteuils aux pieds en forme de pattes de taureau, les chaises incrustées d'ivoire et d'ébène, les lits et les chevets pour reposer la tête, les coffres et les tables en bois peints, les sellettes en bois supportant les jarres, qui trônent dans les belles résidences. Des coussins et des matelas rendent les sièges et les lits plus confortables. Sur le sol sont jetées des nattes finement tressées.

Dans la tombe de Rekhmirê, à Thèbes, les ouvriers fabriquent des briques avec de la terre mélangée à de la paille. Ils moulent les briques dans des cadres rectangulaires en bois, sans fond. Puis ils les font sécher au soleil.

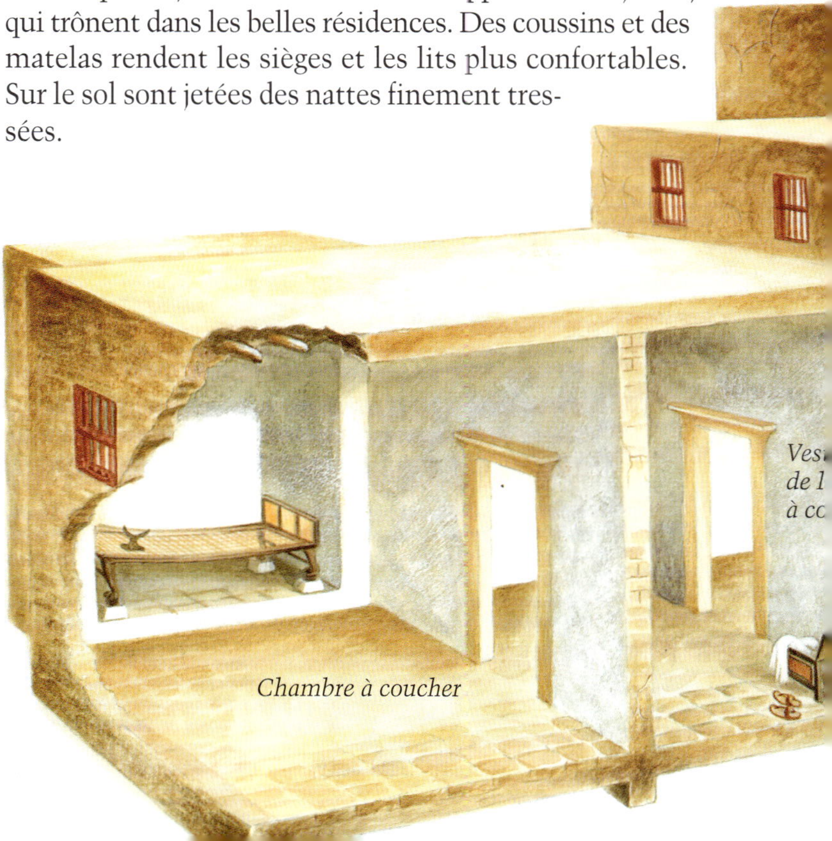

Pour éclairer la maison, on se sert d'une coupe remplie d'huile dans laquelle se consume une mèche en lin. Parfois on pose la coupe sur un pied imitant la tige d'un papyrus. On allume la lampe à l'aide d'une allumette en bois que l'on frotte contre un morceau de bois utilisé comme briquet. Aucune maison ne dispose de l'eau courante. On puise l'eau dans les canaux ou dans des puits et on la conserve dans de grandes jarres.

DES MARIAGES HEUREUX

Les maisons abritent des familles réduites qui se composent du père, de la mère et des enfants. Parfois, elles accueillent aussi une parente veuve, grand-mère, mère ou tante. Quand les enfants se marient, ils fondent une nouvelle famille qui s'installe dans sa propre demeure. Certains se marient par amour, comme en témoigne la littérature égyptienne. D'autres se conforment au choix de leurs parents. En général, les époux sont issus des mêmes milieux sociaux et professionnels. Il est recommandé aux hommes de trouver une compagne dès qu'ils ont un métier, c'est-à-dire vers l'âge de vingt ans. La jeune fille se marie plus jeune, vers quatorze ans. L'épouse jouit d'un statut juridique. Elle peut posséder ses biens propres, hériter, faire un testament et témoigner.

Coupe de la partie centrale d'une maison de dignitaire à Amarna.

Le mari et la femme restent unis pour l'éternité. Ci-dessus, statue de Katep et Hétephérès, British Museum, Londres ; à droite, Raherka et Merseankh, musée du Louvre, Paris.

La mère allaitant son bébé a inspiré aux artistes le joli motif de ce vase. Le récipient contenait peut-être du lait. Musée du Louvre, Paris.

Dans leur immense majorité, les Égyptiens n'épousent qu'une seule femme. Et ils ne s'unissent pas entre frères et sœurs comme cela est parfois arrivé dans la famille royale. Le mariage ne donne lieu à aucune cérémonie légale ou religieuse. Il suffit de vivre sous le même toit pour être mari et femme. L'entrée de l'épouse dans la maison de son compagnon est cependant l'occasion d'une fête.

UNE FAMILLE UNIE

Ce n'est pas la loi mais la société qui dicte les règles que respecteront les époux. Ils se doivent amour, respect et fidélité. Une femme battue peut cependant saisir un tribunal pour corriger le caractère irascible de son époux. Les juges obligeront ce dernier à prêter le serment de ne plus tourmenter la plaignante. S'il s'obstine, ils n'hésiteront pas à lui infliger une centaine de coups de bâton. Les époux qui ne s'entendent pas du tout ont la possibilité de se séparer. Mais cela reste peu fréquent. La première préoccupation du couple est d'assurer sa descen-

Les femmes participent aux banquets avec leurs époux. Elles se montrent aussi joyeuses qu'eux. British Museum, Londres.

LE MAL D'AMOUR

« Il y a sept jours hier que je n'ai pas vu la sœur
(c'est ainsi que les Égyptiens appellent l'aimée).
La maladie s'est introduite en moi,
Au point que je me trouve dans un état
où mon corps est lourd,
Et que je perds conscience de moi-même.
Si les médecins venaient à moi,
Leurs remèdes ne m'apaiseraient pas. (...)
On ne peut identifier ma maladie.
Il n'y a que le fait de me dire "La voici !"
qui me guérisse.
Il n'y a que son nom qui me soulage.
Il n'y a que les allées et venues de ses messagers
qui guérissent mon cœur.
Plus utile pour moi la sœur que quelque remède
que ce soit. »
(Pascal Vernus, *Chants d'amour de l'Égypte ancienne*, Imprimerie nationale, Paris, 1992.)

dance. Les Égyptiens aiment beaucoup les enfants. À une époque où la médecine est très peu développée, beaucoup d'enfants meurent en bas âge, ce qui cause un grand chagrin aux parents. La femme, qui est la maîtresse de maison, s'occupe des jeunes enfants. Vers six ans, les garçons vont à l'école ou commencent à apprendre le métier de leur père. Les filles s'initient aux tâches ménagères auprès de leur mère.

Une flûtiste et des jeunes femmes tapant dans leurs mains animent le banquet et donnent le rythme à des danseuses. Pour rompre la monotonie du groupe, l'artiste a montré ici, de face, deux des musiciennes. British Museum, Londres.

AU SON DE LA MUSIQUE

Après le travail, place à la détente. Les Égyptiens ne sont pas moroses. Ils aiment la vie et ses joies, et ils entendent bien en profiter avant de gagner le paradis d'Osiris. Les divertissements sont multiples. Dans leurs grandes demeures, les riches organisent de somptueux banquets auxquels ils convient leurs amis. La nourriture, disposée sur des guéridons, abonde. La boisson, vin ou bière, coule à flots. Des servantes et des serviteurs zélés veillent à ce que les invités ne manquent de rien. Pas de réception digne de ce nom sans musiciens ou musiciennes et sans danseuses. Tandis que l'orchestre joue de la flûte, du hautbois, de la harpe, du luth, de la lyre et du tambourin, les danseuses professionnelles virevoltent. Des femmes, assises à côté des instrumentistes, frappent dans leurs mains pour donner le rythme. Les graciles jeunes femmes, à peine vêtues et pieds nus, mêlent aux figures de danse de difficiles acrobaties telles que le pont, la roue ou encore le saut périlleux.

DES DISTRACTIONS POUR TOUS

Hors de chez eux, les nobles se livrent au plaisir de la chasse et de la pêche. Ils poursuivent les animaux du désert, gazelles, bouquetins, ou les oiseaux qui nichent dans les marécages. Ou alors ils tentent de harponner des poissons à partir de leur barque en papyrus. Certains dignitaires, moins aventureux, s'installent confortablement devant le bassin de leur villa pour taquiner les poissons du bout de leur canne à pêche. Les enfants ont un faible pour les jeux de plein air. Les filles dansent, sautent, jonglent avec une balle en cuir ou en paille, ou se la lancent. Elles s'occupent aussi de leur poupée, faite d'un morceau de bois, de chiffons ou de terre séchée. Les garçons s'affrontent dans des jeux qui demandent robustesse et adresse. Ils s'engagent dans des épreuves de force, cherchent à se déséquilibrer, sautent les uns par-dessus les autres. Ils lancent un bâton dans une cible, soulèvent de lourds maillets en guise d'haltères. Les jeux de société comme le senet, qui se situe entre le jeu de l'oie et les dames, font le bonheur de tous, petits et grands, riches et pauvres.

Tandis que les enfants font leur délices de ce jouet en bois qui figure un lion à la mâchoire articulée, les adultes se distraient en faisant une partie de senet, *sorte de jeu de l'oie.*

HOMME OU BÊTE ?

Complètement homme, complètement animal ou encore homme à tête de faucon, de chien ou de crocodile, les dieux égyptiens empruntent de multiples formes. Pour les Égyptiens, l'image ne montre pas l'apparence réelle des divinités qui reste cachée. Elle traduit simplement leur personnalité. Ainsi la tête de lionne de Sekhmet n'indique pas que cette déesse est une vraie lionne mais qu'elle possède une nature sauvage et agressive.

Ci-contre : le dieu Horus à tête de faucon est l'une des plus anciennes divinités de l'Égypte. Le relief, aux couleurs bien conservées, décore le temple d'Abydos, dédié à Osiris.

Ci-dessus : Amon-Rê a été adoré à Karnak, le plus grand temple d'Égypte, pendant quelque deux mille ans. L'usage voulait que le roi régnant prête ses traits au dieu. Ici, il s'agit de Toutankhamon.

Mais avant les dieux qu'y avait-il ? Au commencement était le Noun. C'était une énorme masse d'eau très sombre, dont on ignorait la profondeur et l'étendue, et qui représentait le chaos et l'inorganisé. De cet océan est sortie un beau jour la première butte de terre. Sur cette éminence s'est alors déroulée la création. Trois grands récits relatent les débuts de la terre et la naissance des hommes. Chacun attribue la création à un dieu ou un groupe de dieux différents.

Atoum, le dieu du Soleil qui a surgi tout seul de l'océan primordial, crée le premier couple de dieux, Chou et Tefnout, en lançant un crachat.

LE SOLEIL À L'ŒUVRE

Pour les prêtres d'Héliopolis (ville près du Caire actuel où l'on vénérait le Soleil), nul doute, c'est Atoum, l'une des formes du Soleil, qui est à l'origine du monde. Le dieu, qui vivait dans le Noun, s'est extrait lui-même de l'eau pour se poser sur la première butte de terre. Ensuite, en faisant jaillir sa semence ou en lançant un crachat, selon les versions du récit, il a fait apparaître le premier couple de dieux : Chou, l'air, et Tefnout, l'humidité. À leur tour, Chou et Tefnout ont engendré Geb, le dieu de la terre, et Nout, la déesse du ciel. Geb et Nout se sont unis pour donner naissance aux premiers êtres vivants, incarnés par la troisième génération de dieux. Ce sont deux garçons, Osiris et Seth, et deux filles, Isis et Nephtys. Osiris épouse Isis tandis que Seth se marie avec Nephtys. Au premier, les dieux confient la royauté de l'Égypte. Au second, ils donnent la souveraineté sur les déserts. Voilà une décision que Seth n'accepte pas. Il est prêt à tout pour s'emparer du trône de son aîné. Mais cela est une autre histoire.

DES GÉNIES SERPENTS ET GRENOUILLES À LA PAROLE CRÉATRICE

Les prêtres d'Hermopolis (entre Le Caire et Louqsor) considèrent, quant à eux, que le monde résulte de l'action de quatre génies serpents et de quatre génies grenouilles. Ces forces créatrices, qui forment l'Ogdoade, ou groupe de huit dieux, résidaient également dans le Noun. Ce sont elles qui ont poussé hors de l'eau le soleil qui était posé sur un lotus ou contenu dans un œuf, selon les versions de ce récit.

À Memphis (au sud du Caire actuel), les prêtres pensent encore différemment. À leur avis, le créateur du monde ne peut être que Ptah, le dieu de cette grande cité. Ptah a d'abord imaginé le monde dans son cœur, organe où les Égyptiens placent l'intelligence et la pensée. Ensuite, il a énoncé le nom du ciel, de la terre, du Nil, des hommes, des animaux, des plantes. Tout ce qu'il a nommé s'est aussitôt mis à exister.

Le dieu solaire prend aussi la forme de Rê-Horakhty, un dieu à tête de faucon, coiffé du disque solaire entouré d'un cobra protecteur.

Deux des formes du dieu solaire : à gauche, Rê-Horakhty ; à droite, Atoum, un homme coiffé de la double couronne.

LE NOUN : UN DANGER JAMAIS ÉCARTÉ

La création achevée, le Noun ne disparaît pas. Il laisse planer la menace d'un retour au chaos d'avant le commencement. Cela peut se produire si l'on ne maintient pas l'ordre du monde créé par les dieux. Pour éviter cette tragédie, le pharaon doit gouverner avec justice et repousser les ennemis. Il doit surtout construire des temples pour les dieux, garnir leurs autels et leur rendre le culte. En retour, les dieux lui donnent tout ce dont il a besoin pour remplir sa mission. La vie, la santé et la force. Cet échange permanent entre les divinités et le roi a lieu à l'abri des temples.

Seth et ses complices ferment le coffre dans lequel Osiris s'est imprudemment allongé. Le piège imaginé par Seth pour s'emparer du trône de son frère Osiris a fonctionné à merveille.

OSIRIS, ROI DE L'AU-DELÀ

Comment se débarrasser d'Osiris pour régner à sa place ? Seth, qui déborde d'imagination, trouve rapidement la solution. Il invite son frère à un banquet au cours duquel il présente un magnifique coffre. Puis il déclare que l'objet appartiendra à celui qui le remplira exactement une fois couché à l'intérieur. Le coffre se révèle parfaitement à la taille d'Osiris. Rien d'étonnant à cela puisque Seth l'a fait à sa mesure. Aussitôt Osiris allongé, Seth et ses complices rabattent le couvercle et s'en vont jeter leur chargement dans un bras du Nil. Dès qu'Isis apprend l'horrible nouvelle, elle se précipite à la recherche de son époux. Elle erre dans le pays jusqu'au jour où, grâce à des enfants, elle retrouve le coffre et son précieux contenu. Elle le cache dans les épais fourrés des marais du Delta. Mais Seth le retrouve. Ivre de colère et bien décidé à en finir avec son frère, il découpe le corps en quatorze morceaux qu'il lance dans le Nil. Isis, encore plus éplorée mais non découragée, part en quête des morceaux dispersés. Elle parcourt l'Égypte et parvient à en ras-

ABYDOS, VILLE SAINTE

Abydos, lieu où a été retrouvée la tête d'Osiris, est devenu la ville sainte de ce dieu. Le temple que l'on admire aujourd'hui sur le site est l'œuvre du pharaon Séthi Ier (1290-1279 av. J.-C.), le père de Ramsès II. Il est décoré de reliefs peints d'une extrême finesse qui comptent parmi les plus beaux de l'art égyptien. En outre, leurs couleurs sont intactes, ce qui est rare dans les temples pharaoniques. Afin d'être près du dieu, Séthi Ier a fait aussi aménager un tombeau vide. Sa vraie tombe se trouvait dans la Vallée des Rois, à Thèbes. Pour se rappeler au bon souvenir du dieu, les particuliers moins fortunés ont déposé des centaines de stèles sur le site. Sur les parois des tombes, les nobles ont fait représenter le pèlerinage symbolique de la momie à Abydos. Le corps embaumé, installé dans une barque, fait le voyage aller et retour.

sembler treize. Le quatorzième, le pénis, a été avalé par le poisson oxyrhynque. Partout où elle trouve un morceau, la déesse fait édifier un temple voué à son époux. Le sanctuaire le plus important est celui d'Abydos, le lieu où a échoué la tête. En possession des treize fragments, Isis fait appel à Anubis, à tête de chien, pour qu'il réalise la première momie. Quand le dieu de la momification a achevé son travail, elle se dresse avec sa sœur Nephtys près du corps embaumé. Toutes deux poussent alors des cris déchirants et agitent leurs ailes pour ramener Osiris à la vie. Le stratagème fonctionne. Le dieu se réveille.

À l'endroit où, selon la légende, Isis retrouva la tête de son époux, on a édifié le temple d'Abydos, voué à Osiris.

Isis part à la recherche d'Osiris, auquel elle espère redonner la vie grâce à ses pouvoirs magiques. Elle erre dans le pays et s'informe auprès des paysans. Ont-ils vu flotter le coffre contenant le corps ? Un jour, enfin, des enfants lui répondent.

Khépri

Rê-Horakhty

Atoum

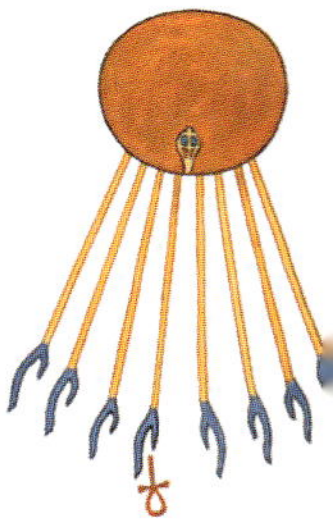

Aton

Khnoum

Mais il ne retourne pas sur terre. Désormais, il régnera sur le royaume des morts. Grande magicienne, Isis a pu concevoir un fils après la résurrection de son époux, malgré le membre manquant. C'est Horus, qui vengera son père et reprendra son trône. Grâce à cette histoire, les Égyptiens triomphent de la mort : ils s'assimilent à Osiris, la première momie et le premier ressuscité, et renaissent à leur tour dans l'au-delà.

LE PANTHÉON ÉGYPTIEN

Hathor

Pas une ville d'Égypte digne de ce nom qui n'ait son dieu ! Aussi les divinités sont-elles fort nombreuses. Mais elles n'occupent pas toutes le même rang. Leur importance dépend de celle de la cité et de la place qu'elles ont prise dans la religion de l'État, c'est-à-dire celle des grands temples. Alors que certains dieux restent pratiquement inconnus hors de leur territoire, d'autres, comme Rê d'Héliopolis, Ptah de Memphis, Amon de Thèbes ou Osiris, le dieu des morts, rayonnent sur l'ensemble du pays. Pour reconnaître les dieux, on regarde leur tête, leur coiffure et leurs attributs.

• **Khépri** à tête de scarabée, **Rê-Horakhty** à tête de faucon et **Atoum** : trois formes du grand dieu solaire d'Héliopolis.

• **Aton**, le disque solaire aux rayons terminés par des mains, dieu unique d'Aménophis IV-Akhénaton.

• **Osiris**, **Seth**, **Isis** et **Nephtys**, les enfants de **Geb** et **Nout**, la

Séchat

Thot

Sekhmet

Ptah

Amon-Rê

Mout

Khonsou

Osiris

terre et le ciel. **Osiris**, dieu des morts. **Seth**, dieu du désert et des pays étrangers, assassin d'**Osiris**. **Isis** et **Nephtys** redonnent la vie à **Osiris**.

- **Horus**, à tête de faucon, fils d'**Isis** et d'**Osiris**, vengeur de son père. Ancêtre et protecteur de tous les rois d'Égypte.
- **Anubis**, dieu à tête de chien, préside à la momification.
- **Amon** ou **Amon-Rê**, dieu de Thèbes qui fait des emprunts au dieu **Rê**. Dieu d'empire, chef de tous les dieux. Vénéré dans le temple de Karnak, à Thèbes.
- **Mout**, épouse d'**Amon**.
- **Khonsou**, fils d'**Amon** et **Mout**.
- **Ptah**, dieu de Memphis, patron des artisans et des artistes.
- **Sekhmet**, à tête de lionne, déesse dangereuse. À Memphis, épouse de **Ptah**.
- **Thot**, dieu d'Hermopolis, à tête d'ibis ou sous forme de babouin. Patron des scribes, dieu de l'écriture et de la sagesse.
- **Séchat**, déesse de l'écriture.
- **Maât**, déesse de la justice et de la vérité, coiffée d'une plume. Elle incarne l'ordre et l'harmonie du monde.
- **Hathor**, femme coiffée des cornes de vache entourant le disque solaire et parfois sous forme de vache. Déesse de l'amour et de la danse. Également protectrice des tombes de Thèbes.

Khnoum, à tête de bélier, dieu d'Éléphantine. Façonne les hommes dans l'argile sur son tour de potier. Il veille aussi sur la crue du Nil.

Seth

Isis

Anubis

Maât

Horus

Nephtys

UNE DEMEURE TERRESTRE

Les dieux résident dans le ciel. Mais ils possèdent aussi une maison sur terre : le temple. Rien de commun avec une église ou une mosquée. Le temple égyptien n'est pas un lieu ouvert à tous où les fidèles viennent prier. Au contraire, c'est un endroit secret, interdit au public. Seuls le roi et les prêtres ont le droit d'y pénétrer. Exceptionnellement lors des fêtes, les dignitaires sont admis dans la cour.

Le dieu habite sa demeure sous la forme d'une statue. Pour que le monde continue à bien fonctionner et ne retourne pas au chaos d'où il est sorti, il faut absolument entretenir cette image. Le temple se présente donc comme une sorte de "centrale" où l'on exécute les rites qui conservent l'énergie divine contenue dans la statue. En échange des soins reçus, le dieu aide le roi à maintenir l'harmonie du monde, représentée par la déesse Maât.

Pour les Égyptiens, le temple est une copie de l'endroit où les dieux résident dans le ciel. Il est aussi la reproduction du monde qu'ils ont créé.

Coupe du temple de Khonsou à Karnak.

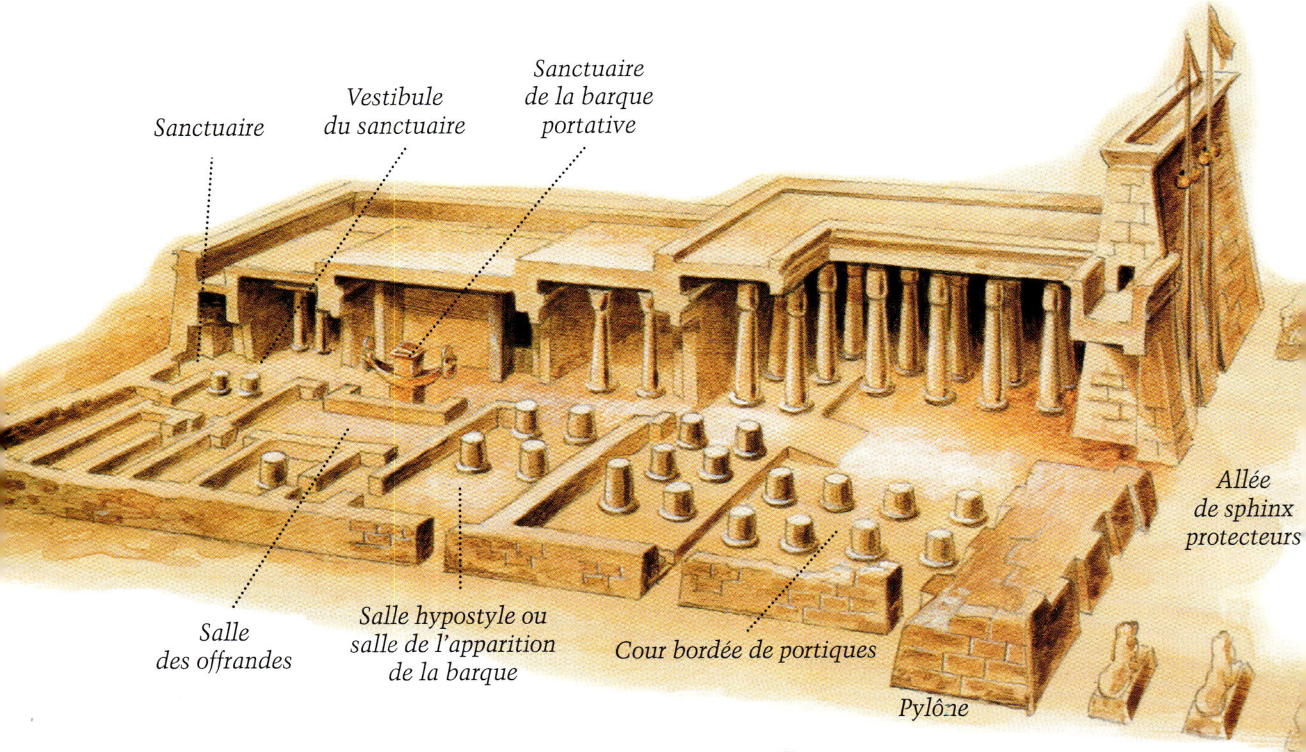

KARNAK

Le plus grand temple d'Égypte était consacré au dieu Amon ou Amon-Rê, le chef de tous les dieux. Le monument ne compte pas moins de dix pylônes, six sur l'axe du sanctuaire, quatre sur l'axe des processions conduisant au temple de Mout, l'épouse du dieu. La salle hypostyle, immense, ne comprend pas moins de 134 colonnes ! L'édifice s'ornait d'une quinzaine de grands obélisques dont deux seulement restent debout. Près du temple proprement dit s'étend un vaste lac sacré dans lequel les prêtres se purifiaient. Sur l'eau avaient lieu aussi des navigations rituelles. Durant leur service, les prêtres habitaient des maisons bâties près du lac. Là étaient également installés les magasins et les cuisines où l'on préparait les offrandes.

Le temple de Karnak, vu du lac sacré. Derrière son haut mur d'enceinte s'affairaient jadis les cuisiniers et les bouchers préparant les offrandes, et les prêtres se préparant pour le culte.

UN MONDE DE SYMBOLES

Ainsi, le temple est bâti sur la première butte de terre sortie de l'eau lors de la Création. Le mur d'enceinte de l'édifice, parfois en forme de vagues, figure le Noun. Le pylône, ou porte monumentale du temple formée de deux môles, évoque les montagnes libyque et arabique entre lesquelles évolue le soleil. Le sol du monument est la terre noire dans laquelle poussent les plantes représentées par les colonnes. Celles-ci sont coiffées de chapiteaux en forme de papyrus ouvert ou fermé. Le plafond de couleur bleue, constellé d'étoiles jaunes, symbolise le ciel. Sur les parois défilent les activités humaines les plus importantes, qui ont lieu entre terre et ciel, à savoir les rites du culte rendu aux dieux. Au fond du temple s'élève le sanctuaire obscur ou saint des saints. Il abrite la chapelle ou naos qui renferme la statue en or et lapis-lazuli du dieu. Le sanctuaire est entouré par des chapelles consacrées à d'autres dieux. Il est précédé par la salle des offrandes où l'on dépose chaque jour le repas du dieu et par une salle conservant la barque portative de la statue. Devant ces pièces se trouve la salle hypostyle (à colonnes) dans laquelle apparaît la barque portative qui emmène la statue en procession.

Le superbe naos en granite gris du sanctuaire d'Edfou abritait jadis la statue d'Horus, à tête de faucon.

Le roi, à droite, officie seul devant le dieu Amon-Rê. Il lui offre des bandes de tissu. La scène se déroule entre le long signe du ciel, bleu, et le signe de la terre, bande étroite sur laquelle reposent les pieds des personnages. Temple d'Abydos.

LES MURS ONT LA PAROLE

Les scènes gravées sur les murs des temples figurent les rituels et les rites qui prennent place dans le temple. Toujours en relief pour durer éternellement, ces images prennent le relais du roi et des prêtres en cas de défaillance. En Égypte, l'image joue un rôle magique important.
Les scènes sont superposées en registres ou larges bandes. Le

roi et le dieu se font toujours face. Le pharaon marche vers le fond du temple, vers le sanctuaire où se trouve la statue. Le dieu, adossé au fond du temple, reçoit les offrandes que lui présente le pharaon. Les scènes se situent entre le signe du ciel étoilé et celui de la terre sur lequel marchent les personnages. Les textes indiquent les noms du roi et du dieu, et les épithètes qui les qualifient. Ils décrivent la nature de l'offrande faite par le roi et les dons – vie, santé, puissance – qu'accorde le dieu en échange. Sur les murs du temple, le roi est le seul homme qui officie devant les divinités. C'est en effet lui seul que les dieux ont désigné pour rendre le culte. Les prêtres ne sont montrés que dans des rôles secondaires, comme celui de porteur de barque par exemple.

DES PRÊTRES POUR REMPLACER LE ROI

Dans la réalité, le pharaon ne peut être dans tous les temples du pays en même temps. Il délègue donc son pouvoir au clergé. Les prêtres égyptiens sont des hommes comme les autres. Ils se marient et ils ont des enfants. Ce sont en quelque sorte des fonctionnaires au service du dieu. Groupés en quatre équipes ou *phylés* (cinq équipes à l'époque ptolémaïque), ils se relaient tous les mois. Ils vivent donc trois mois par an dans l'enceinte du temple. Les prêtres observent alors des règles de pureté très strictes. Ils se rasent le crâne, s'épilent, se purifient dans le lac sacré et ils sont vêtus d'un pagne de lin blanc très fin.

On reconnaît les prêtres, qui portent ici la barque sacrée, à leur crâne rasé. Ramesseum, Thèbes.

Après avoir rendu le culte, le roi quitte le sanctuaire en effaçant la trace de ses pas avec un balai. Il ne faut surtout pas laisser des impuretés qui pourraient nuire à la statue. Temple de Karnak.

Comment devient-on prêtre ? Soit en héritant de la fonction de son père, soit en étant choisi par les autres membres du clergé. Le roi se réserve la nomination des grands prêtres comme celui d'Amon, à Karnak, ou ceux de Memphis et d'Héliopolis. Le nombre de prêtres dépend de la taille du temple. Les plus petits ne comptent guère plus d'un desservant. Les grands sanctuaires en emploient des centaines.

LE CULTE JOURNALIER

Tous les matins avant l'aube, les temples d'Égypte sont en proie à une grande agitation. Tandis que certains prêtres nettoient le temple avec de l'eau sacrée et le purifient avec de l'encens, les cuisiniers s'affairent autour du repas du dieu. Bientôt d'autres prêtres convergent vers le sanctuaire. Ils s'arrêtent à une certaine distance. Seul le grand prêtre (ou son assistant), qui agit au nom du roi, s'avance vers les portes closes du saint des saints. Il rompt les sceaux et se glisse à l'intérieur de la salle. Puis il ouvre les vantaux de la chapelle. Le voici maintenant face à la statue. Quel privilège ! Seuls en jouissent les prêtres de très haut rang. Attention ! le signal du lever du soleil retentit. Alors que les prêtres, restés à l'extérieur, entonnent en chœur l'hymne du réveil, le grand prêtre embrasse la statue divine. Il réveille ainsi le dieu et le fait revenir dans sa statue en or. L'officiant s'en va rapidement remplir un plateau avec les victuailles déposées dans la salle des offrandes.

LE POINT CULMINANT DU CULTE

De retour dans le sanctuaire, il présente le repas au dieu. En même temps, il lui offre une figurine de Maât, la déesse qui incarne l'équilibre du monde. Le dieu se nour-

À l'aube, pour rendre le culte quotidien au dieu, le roi s'approche de la petite chapelle qui contient la statue divine. Il s'apprête à ouvrir les vantaux du naos et à faire face à la statue d'Horus, sous forme de faucon. Temple d'Abydos.

rit de Maât et il aide en retour le pharaon à maintenir l'ordre. C'est le point culminant du culte. Le prêtre n'a plus qu'à laver, parfumer et habiller la statue avant de la remettre dans sa chapelle. Il referme ensuite le naos, puis il efface les traces de ses pas avec un balai. Pas question de laisser la moindre impureté dans le sanctuaire ! Elle pourrait menacer la statue. Son devoir accompli, l'officiant referme les portes du sanctuaire. Elles resteront closes jusqu'au lendemain matin. Deux autres services plus courts ont lieu à midi et le soir devant le sanctuaire. Ils se limitent à des apports de victuailles et des récitations d'hymnes et de prières.
Les prêtres ne s'étonnent-ils point de retrouver les offrandes intactes tous les matins ? Pas du tout. C'est normal puisque l'énergie vitale du dieu se nourrit de la force vitale des offrandes. Sans rien abîmer. Une fois le dieu nourri, ce sont les prêtres qui profitent de la consommation bien réelle des mets.

L'HYMNE DU RÉVEIL D'AMON-RÊ

**"Toi qui t'éveilles paisible,
éveille-toi en paix !
Éveille-toi, Amon-Rê, Seigneur
des Trônes-du-Double-Pays,
en paix !
Tu es le fils vénérable, l'aîné,
(héritier) de la terre de par ton
père Terre (Geb) et ta mère
Nout (le ciel).
Tu es le dieu venu à l'existence
la première fois, alors
qu'aucun dieu n'était venu
à l'existence, alors que n'était
encore inventé le nom
d'aucune chose.
Tu ouvres tes deux yeux
et ne cesses de voir par eux,
et la lumière vient à l'existence
pour tout homme.
Lorsque l'ombre est agréable
à tes deux yeux, le jour
ne vient pas à l'existence. (...)"**

(André Barucq, François Daumas, *Hymnes et prières de l'Égypte ancienne*, éditions du Cerf, Paris, 1980.)

Au Nouvel An, tous les temples d'Égypte célèbrent l'Union au disque. Le Nouvel An tombe le 1er Thot, jour qui correspond à l'origine à notre 19 juillet. Mais comme le calendrier égyptien ne compte que 365 jours au lieu de 365 jours un quart, il se décale d'un jour tous les quatre ans. Il faut attendre 1 450 ans pour que le 1er Thot coïncide à nouveau avec le 19 juillet. Entre-temps, la fête se déplace au cours de l'année.

LA FÊTE DU NOUVEL AN

À côté du culte quotidien, les temples d'Égypte célèbrent une kyrielle de fêtes en l'honneur de leurs dieux. L'une d'elles est commune à tous les temples du pays : c'est la fête du Nouvel An. La veille de la cérémonie, les prêtres se dirigent vers le trésor du temple pour quérir une précieuse statue du dieu, autre que celle du sanctuaire. Après avoir été réveillée et nourrie, comme dans le culte journalier, l'effigie est conduite par les prêtres dans une salle réservée à la toilette. Là, le prêtre la lave, la parfume, l'habille et la pare de bijoux précieux. Au milieu de la nuit, la statue, enfermée dans une chapelle, est conduite sur le toit du temple par une longue procession. Le cortège, mené par le roi ou par le grand prêtre, se compose de prêtres chargés d'offrandes, de joueurs de sistre, un instrument qui cliquette, et bien sûr des porteurs qui transportent la statue. Les voix, puissantes, chantent les hymnes de la cérémonie. Parvenus sur le toit du monument, les prêtres posent la chapelle dans un kiosque à ciel ouvert. Puis, dès que le soleil paraît, ils exposent la statue afin qu'elle soit irradiée par les rayons de l'astre et qu'elle se charge d'énergie pour l'année à venir.

LA FÊTE D'OPET

À Thèbes, patrie d'Amon-Rê, les fêtes ne se comptent plus. Au cours de deux d'entre elles, le dieu quitte son temple de Karnak. Pour la Belle fête de la Vallée, Amon traverse le Nil. Il se rend dans les temples voués au culte des rois morts. Pendant son séjour dans les divers sanctuaires, il communique son énergie aux statues des rois. Il les aide ainsi à revivre dans l'au-delà. Tandis que les prêtres veillent au bon déroulement des rites dans le secret des temples, les Thébains investissent les tombes et font ripaille et bombance avec leurs chers disparus.
Pour la fête d'Opet, on reste sur la rive orientale. Les Thébains emmènent Amon de Karnak au temple de Louqsor, distant de trois kilomètres. Le voyage, qui se fait par le fleuve ou par l'intérieur des terres, mobilise le roi, la reine, les grands dignitaires, des soldats, des musiciens, des danseuses et des porteurs d'offrandes. Une foule énorme contemple le défilé. Parvenu au terme du périple, le dieu participera à Louqsor aux rites qui renouvelleront la divinité du pharaon pour un an.

Soldats, musiciens, danseuses, dignitaires, spectateurs, c'est une foule dense qui participe à la procession de la fête d'Opet à Thèbes. Temple de Louqsor.

CHAPITRE 5

LA MORT N'EST PAS UNE FIN

Aussitôt monté sur le trône, le roi s'occupe de l'aménagement de sa sépulture. De même, dès qu'ils entament leur carrière, les grands dignitaires font bâtir ou creuser leur tombe. Les Égyptiens sont-ils si pressés d'en finir avec la vie ? Ont-ils hâte de rejoindre Osiris dans l'au-delà ? Pas du tout. Ils profitent tant qu'ils peuvent des joies de l'existence. Mais ils savent que le passage sur terre est bref, alors que le séjour de l'au-delà durera l'éternité.

À gauche : les deux cercueils gigognes en bois, en forme de momie, abritaient dame Tamoutnéfret, décédée vers 1100 av. J.-C. Le masque recouvrait son visage et sa poitrine tandis que la planche de momie masquait le reste de son corps. Musée du Louvre, Paris.

Ci-dessus : le beau masque funéraire en plâtre doré protégeait le visage de Thouya, la belle-mère du roi Aménophis III (1388-1351 av. J.-C.). Musée du Caire.

Dès la fin de la préhistoire, les Égyptiens croient en une vie future. Ils enterrent leurs morts dans des fosses et ils déposent auprès d'eux des offrandes de nourriture, des poteries et des parures. Au fil du temps, les tombes deviennent plus complexes. Sous les deux premières dynasties, les pharaons sont inhumés dans d'immenses mastabas en briques crues, ou édifices de forme rectangulaire. C'est avant l'invention de la pyramide et l'apparition de l'architecture de pierre.

À gauche : la première pyramide d'Égypte, à six degrés, est l'œuvre du roi Djéser. À droite, la pyramide rhomboïdale, à Dachour, bâtie par Snéfrou.

DES PYRAMIDES POUR TOMBEAUX

Lorsque le pharaon Djéser (2690-2670 av. J.-C.) décide d'élever son tombeau à Saqqara, le grand cimetière de la ville de Memphis (près du Caire actuel), il fait construire un mastaba. À la différence de celles de ses prédécesseurs, sa sépulture n'est plus en briques de terre crue, mais en pierre. C'est le premier monument de ce genre en Égypte. Le mastaba n'est-il pas trop petit ? songe bientôt Djéser. Il demande alors à son architecte Imhotep de l'agrandir. Mais le pharaon n'est toujours pas satisfait. De nouveau projet en nouveau projet, la tombe passe du mastaba à la pyramide à degrés. Et de quatre étages, la pyramide se hisse à six étages, à 60 mètres de hauteur. Conquis, les successeurs de Djéser adoptent le nouveau monument en guise de tombeau.

Snéfrou (2639-2604 av. J.-C.), le premier roi de la IVe dynastie, s'efforce d'innover en bâtissant une pyramide lisse. Il en fait ériger trois, une à Meidoum, à 60 kilomètres environ au sud de Memphis, et deux à Dachour, à 10 kilomètres au sud de Saqqara. Celle de Meidoum a perdu son revêtement dès l'Antiquité. À Dachour, la pyramide rhomboïdale a subi un changement d'angle en cours de construction. Enfin, la pyramide rouge de Dachour, haute de 99 mètres, est une réussite. Elle est lisse mais ses côtés sont très évasés.

À droite : la pyramide de Khéphren et le sphinx. Au loin, la pyramide de Mykérinos.

À GUIZA, LA PERFECTION

Avec l'aide de son architecte Hémiounou, Khéops (2604-2581 av. J.-C.), le fils de Snéfrou, améliore encore la construction. Et il réalise la pyramide parfaite. Le monument, qui mesure 232,70 mètres de côté (réduit à 230 mètres depuis que l'on a arraché les pierres du revêtement au Moyen Âge), culmine à 146 mètres (aujourd'hui 137 mètres). Ses faces en calcaire blanc et lisse brillent au soleil. Au sommet, le pyramidion est recouvert d'or. À l'intérieur, le roi fait construire plusieurs chambres funéraires. C'est la troisième, la plus haute, accessible par une grande galerie, qui est la bonne. On y dépose le sarcophage de granite rouge pendant la construction. Après les funérailles, des bouchons de granite en condamneront l'accès. Khéphren (2572-2546 av. J.-C.) et Mykérinos (2539-2511 av. J.-C.) font bâtir leurs pyramides, lisses également et de proportions harmonieuses, près de celle de leur père et grand-père. Alors que celle de Khéphren culmine à 136,50 mètres, celle de Mykérinos ne dépasse pas 66 mètres.

POURQUOI LA PYRAMIDE ?

Quand elle est à degrés, la pyramide symbolise l'escalier qu'emprunte l'âme du pharaon mort pour monter au ciel, auprès des dieux. Lisse, elle incarne les rayons du soleil que gravit l'âme pour rejoindre le ciel. Pour quitter les hauteurs et se rendre dans le temple funéraire où elle se nourrit des offrandes alimentaires déposées par les prêtres, l'âme descend par le même chemin.

DES CHANTIERS COLOSSAUX

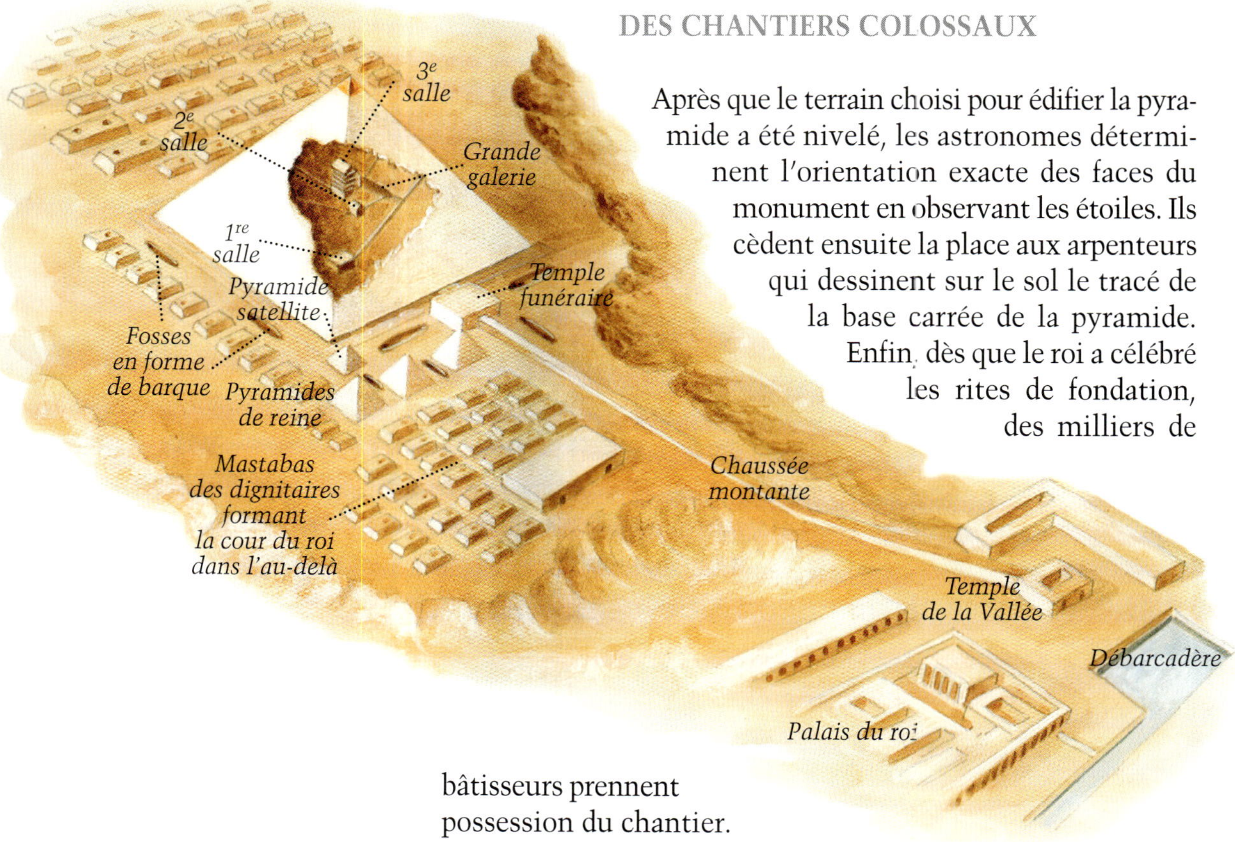

Après que le terrain choisi pour édifier la pyramide a été nivelé, les astronomes déterminent l'orientation exacte des faces du monument en observant les étoiles. Ils cèdent ensuite la place aux arpenteurs qui dessinent sur le sol le tracé de la base carrée de la pyramide. Enfin, dès que le roi a célébré les rites de fondation, des milliers de bâtisseurs prennent possession du chantier. Pour la pyramide de Khéops, les hommes charrieront 2,3 millions de blocs de pierre d'un poids moyen de 2,5 tonnes. Ceux destinés au noyau de l'édifice sont issus des carrières toutes proches où le calcaire est de médiocre qualité. Pour le revêtement, on utilise le calcaire fin de Tourah, une carrière située sur l'autre rive du Nil. Le granite de la

Rampe enveloppant la pyramide

Rampe perpendiculaire à la pyramide

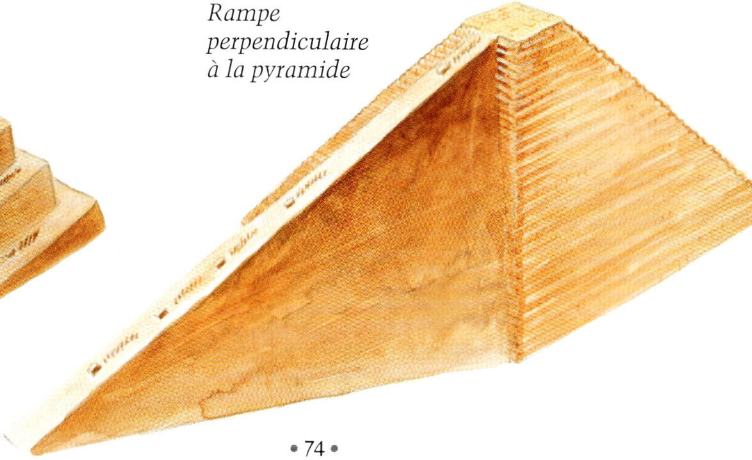

TAILLER LE GRANITE

Pour extraire le granite, une pierre dure, des carrières d'Assouan, les Égyptiens connaissent deux méthodes. La première, utilisée pour les blocs de dimension moyenne, consiste à creuser sur la même ligne et à intervalles réguliers des trous en forme de V, profonds de dix centimètres environ. Dans ces cavités, on enfonce des coins (sorte de gros clous) de métal, en cuivre à l'époque des grandes pyramides, en bronze par la suite. Les carriers tapent ensuite tous en même temps sur les coins avec de lourds marteaux de pierre. L'onde de choc ainsi produite libère la pierre de la roche. Pour les très gros blocs comme les obélisques, les carriers, toujours disposés en ligne, creusent des tranchées autour de la masse à détacher. Pour ce faire, ils tapent sur le granite avec des boules en dolérite (pierre très dure) de cinq kilos environ. Ils écrasent ainsi le grain du granite qui se transforme en poussière. Les carriers évacuent régulièrement la poussière car elle amortit les coups. On a calculé qu'ils progressaient d'un centimètre environ toutes les deux heures, ce qui est relativement rapide.

chambre funéraire et du sarcophage provient d'Assouan dans le sud du pays. Les blocs sont débarqués sur le quai du canal qui relie le chantier au Nil. Comment les bâtisseurs ont-ils hissé ces énormes pierres au fur et à mesure de la construction ? On sait qu'ils se sont servis de rampes en briques de terre crue. Mais étaient-elles perpendiculaires à la pyramide ? ou bien l'enveloppaient-elles ? On l'ignore toujours.

UN IMMENSE COMPLEXE

La pyramide n'est pas isolée. Elle est au centre d'un ensemble de monuments. Près du débarcadère s'élève le temple de la Vallée ou temple bas. Après sa mort, le roi y est conduit en barque. C'est là qu'il subit la momification. Et c'est de là que part la procession des funérailles. Elle emprunte un long passage couvert, la chaussée montante, pour gagner le temple funéraire accolé à la pyramide. Dans ce sanctuaire, on célèbre les derniers rites avant d'enfermer à jamais la dépouille royale et son riche mobilier funéraire dans la pyramide. Près de celle-ci s'étendent des fosses en forme de bateau. Grâce à ces navires symboliques, le roi naviguera dans l'au-delà en compagnie du dieu du soleil Rê. Khéops a également fait ensevelir deux vraies barques en bois dans des cavités. De petites pyramides satellites flanquent la pyramide. Certaines abritent les reines, d'autres jouent un rôle dans le culte funéraire royal. Devant la pyramide de Khéphren se dresse en outre un grand sphinx protecteur taillé dans la roche.

Marques laissées par les carriers qui ont extrait le granite dans les carrières d'Assouan au temps des pharaons.

DES COULOIRS DANS LA MONTAGNE

La troisième heure du Livre des Portes *figure le dieu Rê sous la forme d'un homme à tête de bélier, qui navigue dans la troisième région du monde nocturne. Méhen, le grand serpent qui l'entoure, le protège des dangers qui le menacent. Au-dessous est tapi un être redoutable, le serpent Apophis, qui tente toutes les nuits d'avaler le Soleil. Heureusement, les défenseurs de Rê le repoussent.*

Des monuments aussi voyants que les pyramides pouvaient-ils protéger durablement la momie royale et les richesses qui l'entouraient ? Les Égyptiens ont compris que non. Dans les périodes de troubles, les pillards se précipitaient vers les tombeaux royaux pour les vider de leur trésor. Pour échapper au sort funeste de leurs prédécesseurs de l'Ancien et du Moyen Empire, les pharaons du Nouvel Empire (1550-1070 av. J.-C.) abandonnent donc la pyramide. Ils font creuser leur tombe dans une étroite vallée dissimulée dans les montagnes désertiques de la rive ouest de Thèbes. La vallée est néanmoins dominée par une pyramide naturelle. La sépulture se compose d'une série de salles et de couloirs qui s'enfoncent sous la roche. La tombe de Séthi Ier (1290-1279 av. J.-C.), la plus profonde, la plus longue et la mieux décorée de toutes, s'étire sur cent mètres de lon-

TOUTANKHAMON

Dans la Vallée des Rois, la tombe de Toutankhamon (1333-1323 av. J.-C.) a miraculeusement échappé aux pillards. Son entrée n'a été retrouvée qu'en 1922 par l'archéologue anglais Howard Carter. La sépulture, formée de quatre petites salles, contenait un fabuleux trésor : trônes, lits, vaisselle, char, coffres remplis de vêtements, d'objets de toilette et de précieux bijoux, sceptres, armes, jeux, statues protectrices. La momie reposait dans un sarcophage en pierre et trois cercueils, dont un en or. Son visage était couvert d'un extraordinaire masque d'or à l'image du souverain, mort à dix-huit ans.

La tombe de Toutankhamon a échappé aux grands pillages de l'Antiquité. Elle a livré un fabuleux trésor dont le célèbre masque en or du roi.

gueur. Au fond s'étend la chambre funéraire qui abrite le sarcophage et la momie. Hélas, dès la fin du Nouvel Empire (1550-1070 av. J.-C.), les tombes ont été pillées. Pour préserver ce qu'il restait des momies royales, comme celle de Ramsès II, on les a transportées dans deux cachettes… où on les a retrouvées à la fin du XIXe siècle.

VOYAGER AVEC LE SOLEIL

Le roi fait décorer les parois de la tombe de grands livres funéraires qui l'aideront à renaître dans l'au-delà. Les *Litanies du Soleil* présentent les multiples formes du dieu soleil Rê. Le roi, qui s'identifie à ce dieu pour revivre, doit absolument les connaître. Le *Livre de la Demeure secrète* et le *Livre des Portes* relatent le voyage nocturne de Rê. Installé dans sa barque, Rê navigue sur le fleuve qui irrigue le royaume des morts, sous la terre. Au cours des douze heures de la nuit, il traverse des cavernes et franchit leurs portes surveillées par de redoutables gardiens. Les livres donnent les formules qui permettent d'apaiser les sentinelles. Ils indiquent aussi comment échapper aux périls qui guettent le soleil dans l'obscurité et surtout au terrible serpent Apophis qui cherche à avaler l'astre toutes les nuits. Chaque matin, Rê triomphe du danger et se lève à l'horizon sous la forme d'un scarabée. Le roi, qui s'identifie à lui, renaît de la même façon. Enfin le *Livre de l'Ouverture de la Bouche* décrit les rites qui donnent vie à la momie. Pour ressusciter dans l'au-delà, le roi s'assimile également à Osiris, le dieu des morts, qui fut la première momie.

La Vallée des Rois, située au cœur de montagnes arides, est dominée par une pyramide naturelle. Ses flancs abritent une soixantaine de tombeaux qui ne sont pas tous royaux.

En confiant à Senmout, son favori, la mission de construire son temple funéraire, la reine Hatchepsout ne s'est pas trompée. L'architecte a conçu le temple égyptien le plus original. Avec ses terrasses, il s'intègre magnifiquement au cirque qui l'abrite.

DES TEMPLES POUR LES ROIS

Le choix de la Vallée des Rois comme cimetière modifie l'organisation du complexe funéraire. Dans ce lieu encaissé, impossible d'édifier les monuments normalement associés à la tombe. Les pharaons les érigent donc de l'autre côté de la montagne, à la lisière du désert où ils sont à l'abri de la crue du Nil. Comme à l'époque des pyramides, le temple de la Vallée, ou temple bas, accueille le corps du roi défunt et abrite les rites de la momification. Il est relié par une longue chaussée montante au temple funéraire, ou "château des millions d'années", voué au culte du roi et à celui d'Amon, le dieu de Thèbes.
Dans ces monuments à l'architecture grandiose, le souverain immortalise les hauts faits de son règne. Ces événements ne

figurent pas dans le décor de la sépulture consacré exclusivement à la renaissance et à la vie du roi dans l'au-delà. Les nombreuses scènes d'offrandes et les représentations de fêtes religieuses complètent le décor des murs. Après le décès du pharaon, des prêtres, attachés au temple, déposent les offrandes nécessaires à sa survie et rendent le culte.

DE DEIR EL-BAHARI À MEDINET HABOU

De tous les temples funéraires de la rive ouest de Thèbes, quatre seulement ont défié les siècles. Le plus original est celui de la reine Hatchepsout (1479-1458 av. J.-C.), conçu par l'architecte Senmout. Adossé au superbe cirque montagneux de Deir el-Bahari, le sanctuaire s'étage sur trois terrasses, fermées par des portiques. Des reliefs d'une très grande finesse commémorent l'érection d'obélisques dans le temple d'Amon à Karnak et l'expédition au pays de Pount (côte sud du Soudan et côte nord de l'Éthiopie).
En partie conservé, le temple de Gournah dédié à Séthi Ier (1290-1279 av. J.-C.) présente des scènes de culte et d'offrandes. Celui de son fils Ramsès II (1279-1213 av. J.-C.), le Ramesseum, possède un décor plus varié. Il célèbre les exploits guerriers du souverain et relate ses batailles, dont celle de Qadesh. Enfin, à Medinet Habou s'élève le temple grandiose de Ramsès III, le

À Medinet Habou, Ramsès III a commémoré sa victoire sur les Peuples de la Mer. Parmi eux se rangent les Poulasti, identifiables à leur casque à aigrette et à jugulaire. Ils donneront son nom à la Palestine, région où ils se sont installés après avoir été repoussés hors d'Égypte.

Mastaba de l'Ancien Empire

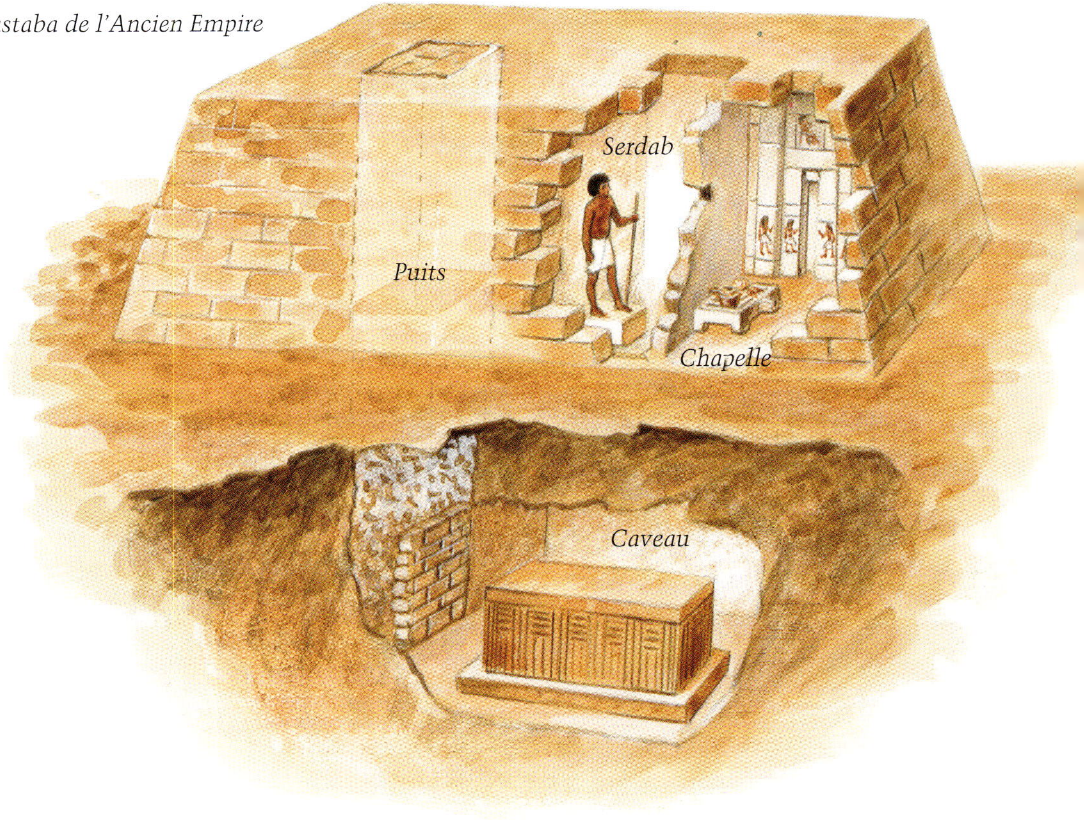

dernier grand souverain du Nouvel Empire. Sur les murs, il repousse les redoutables Peuples de la Mer qui tentent de pénétrer en Égypte. Il sauve son pays de la ruine que ces envahisseurs ont déjà semée au Proche-Orient.

DES MASTABAS À SAQQARA

Et les particuliers, comment les enterre-t-on ? Pour les pauvres, on ne se tracasse guère. Un simple trou dans le sable suffit. Pour les riches en revanche, on aménage de beaux tombeaux. Ils sont soit creusés dans la roche soit construits. À l'Ancien Empire, dans le cimetière de Saqqara, près de Memphis, les dignitaires édifient des mastabas ("banc" en arabe) de forme rectangulaire. Ils se répartissent sur deux niveaux. En surface se trouve la chapelle, accessible aux vivants, où l'on rend le culte et où l'on apporte les offrandes. Elle se compose de plusieurs salles aux parois décorées de reliefs figurant des scènes de la vie quotidienne telles que la culture des champs ou la chasse et la pêche. Dans le *serdab*, une pièce complètement murée et percée d'une fente, se dresse la statue du mort qui profite du culte et des offrandes. Au fond d'une autre salle s'élève la stèle fausse-porte qui fait communiquer symboliquement la chapelle avec le caveau souterrain. Grâce à elle, l'âme du mort va et vient à sa guise et retourne vers la momie. Dans la réalité, on descend au caveau, destiné à la momie, par un puits condamné après les funérailles.

DES HYPOGÉES DANS LA VALLÉE

Au Nouvel Empire, les grands personnages de Thèbes font tailler leur tombe ou hypogée (tombe creusée dans la roche) dans la montagne qui surplombe la campagne. C'est un site que l'on appelle aujourd'hui la Vallée des Nobles. Comme les mastabas de l'Ancien Empire, leur sépulture est divisée en deux parties. En haut s'étend la chapelle en forme de T renversé qui comprend une salle large et une salle longue. Au-dessous se cache le caveau accessible par un puits également comblé après l'enterrement. La fausse-porte s'appuie contre une des parois

Hypogée privé du Nouvel Empire

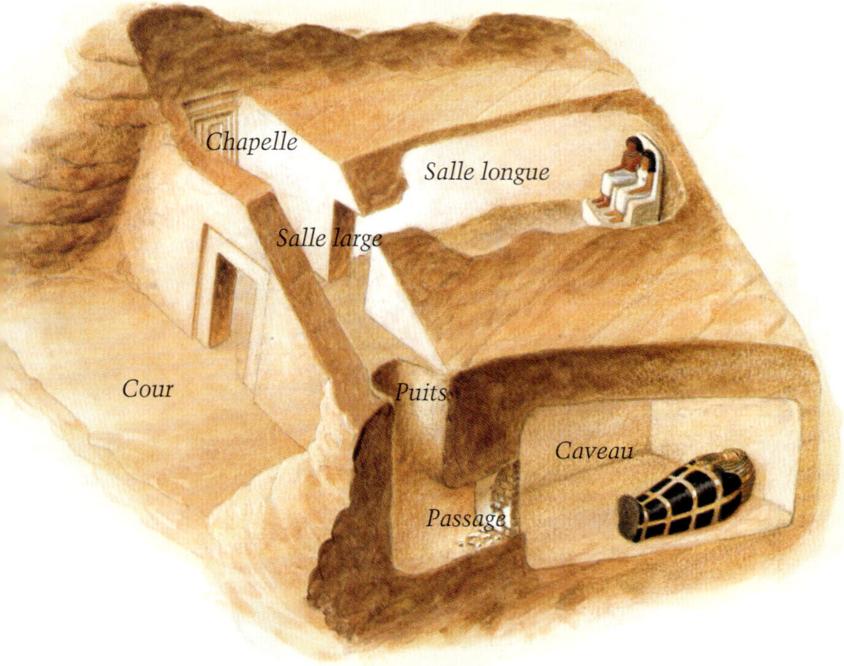

LA TOMBE DE NÉFERTARI

Outre la Vallée des Rois et la Vallée des Nobles, la cité des morts de Thèbes compte un troisième cimetière, la Vallée des Reines. Dans des tombes taillées dans la roche, on y enterre les princes et les reines. La plus belle de toutes ces sépultures est celle de la reine Néfertari, l'épouse préférée de Ramsès II (1279-1213 av. J.-C.). Lorsque l'on regarde ses peintures, on a l'impression que les peintres viennent juste de poser leurs pinceaux. La reine, vêtue d'une magnifique robe plissée, est accueillie dans l'au-delà par les divinités. Récemment, la tombe, très fragile, a été restaurée par le Getty Institute américain. Le nombre de visiteurs est désormais limité. Mais cette mesure n'est pas suffisante. Pour être sûr de la préserver, il faudrait la fermer complètement, comme la grotte préhistorique de Lascaux.

Les pleureuses, au cœur de la procession qui se dirige vers la tombe, expriment le chagrin de tous en poussant des cris déchirants et en se jetant de la terre sur la tête. Après la descente de la momie dans le caveau, parents et amis se retrouveront devant la sépulture pour un dernier banquet en compagnie du mort. Tombe de Ramose, Thèbes.

latérales de la première salle. La statue du propriétaire, généralement accompagnée par celle de son épouse, occupe le fond de la salle longue. Elle domine une table d'offrandes chargée de victuailles. Sur les parois, de magnifiques peintures évoquent les activités de la vie terrestre que le défunt entend bien retrouver dans l'au-delà. Les rites funéraires, essentiels à la renaissance du mort, figurent en bonne place.

DE SPLENDIDES FUNÉRAILLES

Dès qu'un noble décède, sa famille confie le corps aux embaumeurs qui le gardent soixante-dix jours. Pendant ce temps, elle organise les funérailles. Quand elle réceptionne la momie, tout est prêt. Le mort, enfermé dans deux cercueils, prend la tête de la procession qui le conduit au tombeau. Il est allongé dans une chapelle placée sur un traîneau et remorquée par une paire de bœufs. Derrière, des hommes halent la caisse canope avec les vases contenant les viscères du mort. Les amis, éplorés, et les nombreux porteurs, chargés de l'équipement funéraire, for-

ment la suite du cortège. Avec les pleureuses professionnelles, rémunérées pour leurs services.
Parvenu devant la tombe, le défilé s'arrête. Après que la veuve a dit adieu à son époux, le fils aîné exécute la cérémonie de l'Ouverture de la Bouche. Il touche le cercueil à l'emplacement de la bouche avec une herminette en bois afin de redonner symboliquement le souffle de vie à la momie. Le mort pourra ainsi respirer et s'alimenter dans l'au-delà.

ENTRER DANS LE ROYAUME D'OSIRIS

Les dernières prières récitées, on descend le cercueil dans le caveau et l'on condamne le puits qui y mène. Le défunt reste seul face à son destin.
Sera-t-il accepté dans le royaume d'Osiris ? Il ne le saura qu'après être passé devant le tribunal du dieu des morts et de ses quarante-deux assistants. En compagnie du dieu Anubis à tête de chien, le défunt marche vers la balance sur laquelle a lieu la pesée du cœur. Siège de l'intelligence et des sentiments pour les Égyptiens, le cœur repose sur l'un des plateaux. En face se dresse la plume de Maât, la justice. Pendant la pesée, le mort, inquiet, récite la Confession négative dans laquelle il déclare ne pas avoir commis le mal. Si les plateaux s'équilibrent, le défunt est un juste, il est donc admis dans le paradis d'Osiris. Si le cœur fait chuter le plateau, c'est qu'il est lourd de mauvaises actions. Les juges donnent alors le mort en pâture à la Grande Dévo-

LA CONFESSION NÉGATIVE

« Je n'ai pas maltraité les gens.
Je n'ai pas blasphémé Dieu.
Je n'ai pas appauvri un pauvre dans ses biens.
Je n'ai pas affamé.
Je n'ai pas fait pleurer.
Je n'ai pas tué.
Je n'ai pas ordonné de tuer.
Je n'ai fait de peine à personne.
Je n'ai pas faussé le peson de la balance.
Je n'ai pas ôté le lait de la bouche des petits enfants.
Je n'ai pas détourné le bétail du repas du dieu. »

(Paul Barguet, *Le Livre des Morts des anciens Égyptiens*, éditions du Cerf, Paris, 1967.)

Postée près de la balance de la pesée du cœur, la Grande Dévorante attend son heure. Ce terrible monstre (tête de crocodile, crinière et pattes de lion, arrière-train d'hippopotame) dévore les défunts qui ont mal agi de leur vivant.
Tombe de Samout, Thèbes.

rante. Puis ils partagent ses biens entre les pauvres. Le dieu Thot contrôle l'opération et consigne ses résultats.

RETROUVER SA PERSONNALITÉ

Le mort qui a passé la redoutable épreuve du jugement doit maintenant réunir les éléments qui le composent pour continuer à exister. Le corps, momifié, est couché dans le cercueil. L'ombre reste près du corps comme du vivant du personnage. Le nom, qui définit l'homme, est inscrit un peu partout dans la sépulture. L'effacer condamnerait le mort à une disparition complète. Le prononcer garantit l'existence de celui qui le porte. Le *ka*, figuré comme le double du défunt, incarne sa force vitale. C'est lui qui absorbe les offrandes de nourriture et de boisson. Le *ba*, représenté comme un oiseau à tête humaine, est l'âme qui va et vient hors du caveau. Elle volette autour de la maison du défunt, respire la douce brise du Nil et revient se poser sur la momie. Enfin, le *akh* est une autre partie spirituelle de l'individu. C'est la petite parcelle de divi-

*Dans le caveau, le mort est entouré des objets qui adoucissent son séjour dans l'au-delà. À côté du matériel funéraire comme le cercueil, la caisse canope qui contient les vases à viscères ou l'*oushebti *posé sur le lit, il dispose de meubles, d'objets de toilette, de vêtements, de nourriture, de boisson, d'outils et même d'un jeu de senet. Grâce à cet équipement, il retrouve le confort de sa vie terrestre.*

Devant la tombe de Nebqued se déroule la cérémonie de l'Ouverture de la Bouche. Un prêtre, vêtu d'une peau de léopard, officie devant la veuve éplorée.
Livre des Morts *de Nebqued, musée du Louvre, Paris.*

nité contenue dans l'homme qui rejoint les dieux au ciel. En faisant momifier le corps, en accomplissant les rites funéraires et en apportant les offrandes, les vivants aident le mort à retrouver toutes ses composantes.

TOUT POUR LA SURVIE ET LE CONFORT

L'au-delà où vit désormais le mort est à la fois le royaume souterrain d'Osiris, parsemé de marais et de champs de blé, et une réplique du monde terrestre. Les représentations figurées sur les parois de la tombe tout comme le matériel déposé dans le caveau aident le mort à vivre partout. Il dispose aussi d'une sorte de guide de l'au-delà, le *Livre des Morts*, qui lui donne les formules pour passer d'un monde à l'autre, rentrer et sortir de la tombe et pour ne pas mourir une seconde fois, définitive celle-là, par manque de nourriture et de boisson.
Appelé à cultiver les champs d'Osiris pour se nourrir, le mort s'entoure de statuettes de serviteurs funéraires, les *shaouabtis* ou *oushebtis*, qui travaillent à sa place. Pour retrouver le confort dont il jouissait sur terre, l'Égyptien emporte lit, chevet, sièges, coffres remplis de vêtements, objets de toilette, bijoux, armes, instruments d'écriture, nourriture réelle. Sur les parois de sa chapelle, les scènes inspirées de la vie quotidienne assurent son approvisionnement pour l'éternité et lui permettent de retrouver ses activités habituelles.

Ce coffret à oushebtis appartenait au grand prêtre Pinedjem (1044 - 1026 av. J.-C.). Musée du Caire.

La momification

Les Égyptiens ne furent pas les seuls à vouloir conserver à leurs morts l'aspect le plus proche possible du vivant. Au Pérou, au Mexique et, plus près de nous, en Sicile, il y eut aussi des momies. Mais aucun peuple n'a poussé aussi loin les techniques de la momification. Aucun ne les a pratiquées aussi longtemps. C'est pourquoi les momies d'Égypte nous fascinent autant. Elles nous étonnent aussi par les précieuses informations qu'elles livrent sur la société pharaonique. Et plus que tout, elles font travailler notre imagination. Qui n'a pas rêvé ou frissonné en lisant un roman ou en regardant un film qui les ramenait dans le monde d'aujourd'hui ?

Pages précédentes : Dans la nécropole de Douch, dans l'oasis de Kharga, une mission de fouilles dirigée par Françoise Dunand a mis au jour environ sept cents momies et squelettes. Les dépouilles ont permis d'étudier l'état de santé de la population qui a vécu dans la bourgade voisine entre le Ier siècle av. J.-C. et le début du Ve siècle ap. J.-C. Après avoir été examinées, les momies ont retrouvé leur sépulture.

DES PROGRÈS CONSTANTS

À l'époque prédynastique (4000-3032 environ av. J.-C.), les Égyptiens enterraient leurs morts dans de simples fosses creusées dans le sable. Dans ce milieu très sec, les corps se desséchaient naturellement au lieu de se décomposer. Après 3032 av. J.-C., les Égyptiens ont aménagé des tombeaux en briques de terre crue, puis en pierre pour leurs défunts. Ils ont constaté que dans les caveaux des sépultures, les corps ne se préservaient pas aussi bien que dans le sable. Ils ont alors commencé à mettre au point des méthodes artificielles pour traiter le corps. La momification était née. Mais au début, elle était loin d'être parfaite. On a d'abord essayé d'enrayer la décomposition en entourant simplement le corps de bandelettes. Ce fut un échec. On a ensuite trempé le corps et les viscères dans une solution de natron liquide. Mais l'effet obtenu n'était guère satisfaisant. En procédant ainsi par tâtonnement et en expérimentant de nouvelles méthodes, on est finalement parvenu au traitement élaboré décrit dans ces pages.

DANS LA "PLACE PURE"

Lorsqu'un dignitaire décède, la famille emmène le corps le plus rapidement possible dans l'atelier des embaumeurs, appelé *ouabet*, la "place pure". Elle apporte en même temps les énormes quantités d'étoffes, usagées ou neuves, nécessaires à l'emmaillotement de la momie et les vases canopes pour les

viscères. L'officine des embaumeurs est située à l'écart de la ville, près de la nécropole ou cimetière. Pour s'y rendre, on doit le plus souvent traverser le Nil. Pour le défunt, ce voyage marque déjà le passage du monde des vivants à celui des morts.
La place pure est en général une construction en briques de terre crue. Mais la momification a parfois lieu devant la tombe dans une structure légère en palmier et en roseau. Des opérations qui se déroulent dans l'atelier d'embaumement dépend la survie du mort. Aussi sont-elles exécutées par des prêtres qui respectent un rituel bien réglé. À chaque étape, l'un d'eux récite les formules protectrices. Les embaumeurs apprennent leur métier en faisant leur apprentissage auprès de leurs aînés.
Après avoir purifié le corps avec de l'eau dans la tente de purification, les embaumeurs pénètrent dans la place pure. Ils déposent le cadavre sur une table d'embaumement, inclinée et décorée de têtes et de pattes de lion. Au pied de la table est placée une cuve qui récupérera les liquides et les fluides corporels, car il faut garder tout ce qui appartient au corps. Ces éléments, qui font par-

Dans l'atelier des embaumeurs, deux prêtres lavent le corps d'un mort qu'on vient de leur confier.

tie intégrante de la personne, seront enterrés près de la tombe.
Les embaumeurs commencent par laver et raser le corps à l'aide d'un rasoir en bronze. Ils complètent le travail avec une pince à épiler. Les opérations de conservation peuvent alors débuter.

1 - Crochetage du cerveau avant utilisation de l'instrument à double orifice. Il sert à verser dans les narines le liquide dont on remplit le crâne.

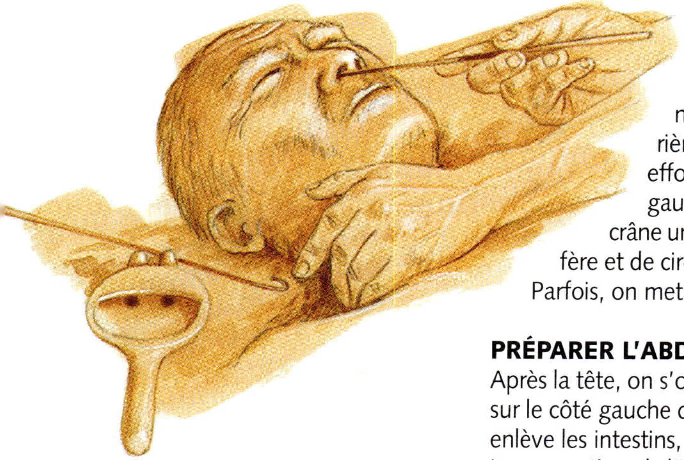

CROCHETER LE CERVEAU

La première consiste à enlever le cerveau à l'aide d'une tige de bronze longue de trente centimètres environ, terminée par un crochet. L'embaumeur accède à la boîte crânienne soit par-devant à travers l'os ethmoïde, soit par-derrière à travers l'os occipital situé à la base du crâne. Pour effondrer l'os ethmoïde, il enfonce le crochet dans la narine gauche. Après avoir ôté le cerveau, l'officiant verse dans le crâne un mélange d'huiles végétales parfumées, de résine de conifère et de cire d'abeille, préalablement chauffé pour le rendre liquide. Parfois, on met aussi du bitume.

PRÉPARER L'ABDOMEN

Après la tête, on s'occupe de l'abdomen. Le spécialiste pratique une incision sur le côté gauche du flanc avec un couteau à lame de bronze ou de silex. Il enlève les intestins, l'estomac, le foie, les poumons et parfois aussi les reins. Le cœur, siège de l'intelligence et des sentiments, reste en place. Les viscères sont traités avec du natron (carbonate de sodium), un sel qui les dessèche. Ils sont ensuite emmaillotés dans des bandelettes de lin et déposés dans les vases canopes placés sous la protection des quatre fils d'Horus. Amset, à tête humaine, veille sur le foie, Hapi, à tête de babouin, sur les poumons, Douamoutef, à tête de faucon, sur l'estomac et Kébehsénouef, à tête de chacal, sur les intestins. Jusqu'à la XIXe dynastie, les bouchons des vases canopes ont tous une tête humaine. À partir de cette époque, ils sont à l'image des quatre dieux.

2 - Incision du flanc avec un couteau en bronze.

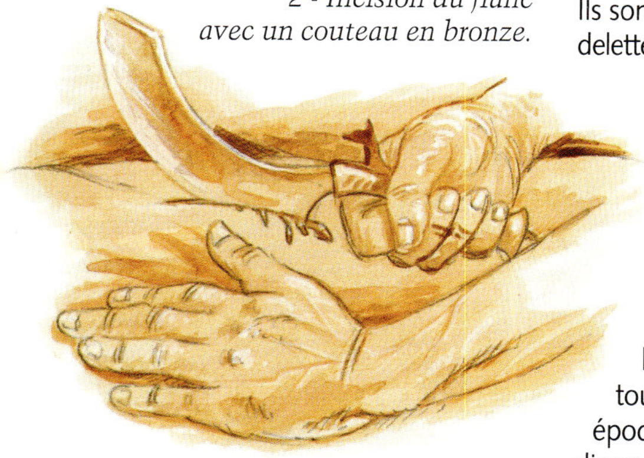

L'abdomen, vidé de ses viscères, est nettoyé avec du vin de palme (suc fermenté du palmier) et des aromates qui le parfument. L'embaumeur le remplit ensuite de petits sachets de natron qui absorberont les liquides.
Les officiants transportent le corps ainsi préparé dans une cuve en pierre. Puis ils versent par-dessus le natron conservé dans de grands sacs de lin. Le corps séjourne dans le sel quelque quarante jours.

3 - Les viscères, enveloppés de bandelettes, sont déposés dans un vase canope fermé par un bouchon à tête humaine.

DANS LA "BELLE MAISON"

Lorsqu'on le sort de la cuve, on l'emmène dans une autre partie de l'atelier d'embaumement, appelée *per néfer*, c'est-à-dire la "belle maison". Les chairs et les tissus sont maintenant bien desséchés. La peau colle aux os. Pour lui rendre un peu de souplesse, les embaumeurs l'enduisent d'huiles et d'onguents parfumés. Après avoir enlevé les sachets de natron placés dans l'abdomen, ils nettoient à nouveau la cavité. Pour lui redonner du volume, ils la bourrent avec des tissus, de la sciure de bois et même de l'argile. Les bords de l'incision sont ensuite rapprochés et recouverts d'une plaque de cire ornée d'un œil *oudjat*, l'œil protecteur d'Horus. La plaie est plus rarement recousue. Dans l'orbite des yeux, les embaumeurs enfoncent des oignons ou des tampons de lin. Sur le crâne, ils ajustent souvent une perruque. Quelques bijoux sont fixés sur la poitrine, les doigts et les bras.

4 - Dessiccation du corps sous l'effet du natron sec.

5 - Remplissage des orbites avec des oignons.

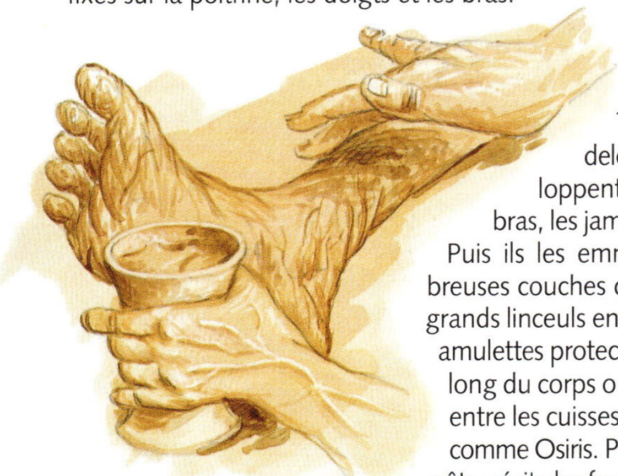

6 - Assouplissement de la peau avec des onguents et des huiles.

L'EMMAILLOTEMENT DE LA MOMIE

Tout est prêt pour le bandelettage. Les officiants enveloppent les doigts, les orteils, les bras, les jambes et la tête séparément. Puis ils les emmaillotent dans de nombreuses couches de bandelettes et dans de grands linceuls entre lesquels ils glissent des amulettes protectrices. Les bras reposent le long du corps ou sur lui, les mains placées entre les cuisses ou croisées sur la poitrine comme Osiris. Pendant le bandelettage, un prêtre récite les formules du rituel. Enfin arrive la pose du dernier linceul maintenu par des bandelettes. Il ne reste plus qu'à déposer le masque funéraire sur la tête avant de rendre la momie à la famille. Toutes les momifications ne sont pas aussi complètes. Celle qui vient d'être décrite est la plus coûteuse. Pour réduire les frais, la famille ne commande par exemple que le lavage et la dessiccation du corps. Elle est aussi moins exigeante pour l'emmaillotement qui comptera peu de couches de tissu. Les méthodes de la momification sont connues à la fois par la description assez détaillée faite par l'historien grec Hérodote, au Ve siècle av. J.-C., et par les examens scientifiques des momies.

LA FABULEUSE DÉCOUVERTE DES MOMIES ROYALES

À la fin de la XXe dynastie (1186-1070), les pilleurs dévalisent les tombes de la Vallée des Rois. Pour voler les bijoux, ils n'hésitent pas à profaner les momies des pharaons et à déchiqueter bandelettes et linceuls. Pour sauver ce qu'il reste encore des dépouilles royales, un roi, peut-être Smendès (1070-1044 av. J.-C.), en fait déposer une partie dans la tombe du pharaon Aménophis II. Le pharaon Chéchonq II (877-875 av. J.-C.) en fait transférer d'autres dans le tombeau d'un grand prêtre, situé dans les falaises de Deir el-Bahari. Les deux

sépultures sont transformées en cachettes. Jusqu'au XIXe siècle, plus rien ne devait perturber le repos des nobles souverains.

Dans la seconde moitié du XIXe siècle, le marché des antiquités de Louqsor voit brutalement apparaître un nombre important d'objets et de papyrus funéraires. Le Service des Antiquités de l'Égypte, dirigé alors par le Français Gaston Maspéro, s'émeut et enquête sur la provenance de ces œuvres. En 1881, l'un des pilleurs vient lui-même se dénoncer. Il révèle que c'est sa famille qui exploite la tombe depuis des années. Puis il conduit l'inspecteur des antiquités vers la cachette qui est rapidement vidée. Les momies de Thoutmosis III, Séthi Ier, Ramsès II, Ramsès III et d'autres rois sont transportées au Caire sur un bateau à vapeur. Les malheureuses ne sont pas encore au bout de leur peine. Le fonctionnaire des douanes intérieures, qui doit contrôler le chargement, cherche le produit "momies" sur la liste des marchandises taxées… et ne le trouve pas. Plein de bonne volonté, il regarde ce qui s'en rapproche le plus. Et il classe les prestigieuses dépouilles dans la rubrique "poissons séchés" !

En 1898, l'archéologue français Victor Loret met au jour la seconde cachette, aménagée dans la tombe d'Aménophis II. Elle contient notamment les momies d'Aménophis II, Aménophis III, Thoutmosis IV et Séthi II.

Dernière étape de la momification : l'emmaillotement de la momie et la pose d'amulettes protectrices entre les bandelettes. Il ne reste plus qu'à déposer le masque funéraire sur la tête avant de rendre la momie à sa famille.

ON MANGE DE LA MOMIE

Les momies égyptiennes ont fait l'objet de nombreux trafics. L'un des plus curieux a commencé au Moyen Âge. À cette époque, on s'est mis à déterrer les momies pour les réduire en poudre ou en pâte. Les Européens s'arrachaient cette substance, qu'ils appelaient "mummie". Ils considéraient que c'était un remède qui guérissait tout. Le roi François Ier lui-même en consommait. Malgré les avertissements d'Ambroise Paré, célèbre médecin du XVIe siècle qui dénonça les effets nocifs de la préparation, ses contemporains ont continué à manger de la momie. À la longue, les fabricants de mummie, installés en Égypte, trouvèrent fastidieux d'aller s'approvisionner dans les tombes. Pour éviter cette corvée, ils fabriquèrent de fausses momies avec des cadavres frais. Au XIXe siècle encore, la mummie figure dans des listes de remèdes.

MOMIES ET RECHERCHE MÉDICALE

L'étude scientifique des momies apporte de nombreuses informations sur l'état de santé des anciens Égyptiens et sur leurs conditions de vie. Elle utilise toutes les ressources de la radiologie et de l'informatique et elle commence à recourir aux tests ADN pour tenter de définir les liens de parenté entre les corps. Ainsi les dents des momies sont généralement très usées à cause du pain, fait avec des céréales broyées sur des meules en pierre dont de fines particules se mêlaient à la farine. En revanche, elles présentent très peu de caries, car en guise de sucre, on ne consommait que du miel. Les Égyptiens souffraient de maladies dues au vieillissement, comme l'artériosclérose, et au travail des champs, comme la scoliose. Ils étaient également atteints de diabète, de tuber-

Momie de chien, musée du Louvre, Paris.

DES ANIMAUX MOMIFIÉS

À partir de la Basse Époque (664-525 av. J.-C.), le culte de l'animal sacré de telle ou telle divinité s'étend à l'espèce entière. Le chat de la déesse Bastet et l'ibis du dieu Thot font partie des animaux les plus vénérés.
Pour obtenir de Bastet ou de Thot une faveur ou pour les remercier d'avoir exaucé un vœu, le dévot commande aux prêtres un chat ou un ibis qu'ils tuent rituellement. Les officiants le momifient et ils le déposent dans un cimetière de chats ou d'ibis. Parvenu dans l'au-delà, l'animal transmettra à la divinité concernée le message de celui qui l'a fait tuer. À Saqqara, on a découvert une nécropole d'ibis qui ne contient pas moins d'un million et demi de volatiles ! Au XIXe siècle, les Européens ont exploité certains de ces cimetières comme source d'approvisionnement en engrais. Des cargaisons entières de petites momies partaient vers l'Europe pour engraisser les champs des agriculteurs ! L'animal sacré du dieu, adoré dans le temple, est également momifié avant d'être enterré en grande pompe. Le taureau Apis, animal sacré du dieu Ptah de Memphis, est inhumé dans un vaste cimetière souterrain à Saqqara, appelé Sérapeum.

Au début du XXe siècle, le trafic des momies est encore florissant.

culose et de cécité. La bilharziose, grave maladie du foie ou de la vessie provoquée par un ver qui vit dans les canaux et s'infiltre sous la peau de l'homme, sévissait déjà. Les poux, porteurs du typhus, envahissaient les chevelures. L'âge moyen des momies se situe entre trente et quarante ans. Mais certains Égyptiens vécurent jusqu'à un âge avancé, comme Ramsès II qui mourut à plus de quatre-vingt-dix ans !

Dans la même collection :

LASCAUX ET SON TEMPS
LE MONDE DE LA BIBLE
LE SIÈCLE DE SAINT LOUIS
LE SIÈCLE DE LOUIS XIV
L'EMPIRE DE NAPOLÉON

Crédits photographiques

F. Maruéjol : p. 3, 6, 7, 12, 13 (g et d), 19, 21, 24, 25, 26, 27, 29, 31 (h et b), 35 (g et d), 36, 37 (h et b), 47 (h et b), 48, 50 (hg, hd et b), 51, 52, 54, 55, 57 (h, bg et bd), 63 (h et b), 64, 65, 66, 67, 69 (g et d), 71, 72 (g et d), 75, 77 (h et b), 78, 79, 82, 85 (b).
B. Chabrol/Casterman : p. 17, 73.
Dagli Orti : p. 30.
J. Livet : p. 33, 34, 38, 39, 40-41, 45, 59, 76, 81, 83.
Réunion des musées nationaux : p. 70, 85 (h), 93.
S. Compoint/Sygma : p. 86-87.
Collection Viollet : p. 94.